EDITORA DO CONHECIMENTO

Auxiliando a humanidade a encontrar a Verdade

Homeopatia
A CURA ENERGÉTICA

Homeopatia - A cura energética
Excerto da obra
Fisiologia da Alma
Ramatís / Hercílio Maes

Fone: 19 3451-0143
www.edconhecimento.com.br
vendas@edconhecimento.com.br

Organização: Mariléa de Castro
Projeto Gráfico: Sérgio Carvalho
Foto da Capa: Monumento a Hahnemann em Washington, EUA

ISBN 978-65-5727-119-3
1ª edição - 2021

• Impresso no Brasil • *Presita en Brazilo*

Impresso na
Primeira Leitura
a gráfica digital da **EDITORA DO CONHECIMENTO**

Dados Internacionais de Catalogação na Publicação (CIP)
(Angélica Ilacqua CRB-8/7057)

Ramatís (Espírito)
Homeopatia: A cura energética / Ramatís ; obra mediúnica psicografada por Hercílio Maes – 1ª ed. – Limeira, SP : Editora do Conhecimento, 2021.
90 p.

Coletânea de textos retirados da obra:
Fisiologia da Alma

ISBN 978-65-5727-119-3

1. Espiritismo 2. Homeopatia 3. Mediunidade 4. Cura energética 5. I. Maes, Hercílio, 1913-1993 II. Título.

21-4645 CDD 133.93

Índice para catálogo sistemático:
1. Espiritismo 133.93

Ramatís

HOMEOPATIA
A CURA ENERGÉTICA

Obra mediúnica ditada pelo espírito
Ramatís ao médium
Hercílio Maes,

Coletânea de textos retirados da obra:
Fisiologia da Alma

1ª edição — 2021

EDITORA DO
CONHECIMENTO

Obras de Ramatís editadas pela **EDITORA DO CONHECIMENTO**

HERCÍLIO MAES

- A Vida no Planeta Marte e os Discos Voadores – 1955
- Mensagens do Astral – 1956
- A Vida Além da Sepultura – 1957
- A Sobrevivência do Espírito – 1958
- Fisiologia da Alma – 1959
- Mediunismo – 1960
- Mediunidade de Cura – 1963
- O Sublime Peregrino – 1964
- Elucidações do Além – 1964
- Semeando e Colhendo – 1965
- A Missão do Espiritismo – 1967
- Magia de Redenção – 1967
- A Vida Humana e o Espírito Imortal – 1970
- O Evangelho à Luz do Cosmo – 1974
- Sob a Luz do Espiritismo (Obra póstuma) – 1999

SÁVIO MENDONÇA

- O Vale dos Espíritas – 2015
- Missão Planetária – 2016
- A Derradeira Chamada – 2017
- O Sentido da Vida – 2019
- Amor: Encontros, desencontros e Reencontros – 2020

MARIA MARGARIDA LIGUORI

- Jornada de Luz
- O Homem e o Planeta Terra
- O Despertar da Consciência
- Em Busca da Luz Interior

OBRAS COLETÂNEAS:

- Ramatís uma Proposta de Luz
- Face a Face com Ramatís
- Um Jesus que Nunca Existiu
- Simplesmente Hercílio
- A Missão do Esperanto
- A Origem Oculta das Doenças
- O Objetivo Cósmico da Umbanda
- Do Átomo ao Arcanjo
- O Apocalipse
- Marte: O futuro da Terra
- O Além – Um guia de viagem
- Geografia do Mundo Astral
- O Homem Astral e Mental
- O Carma
- O Menino Jesus
- Homeopatia – A cura energética

Coletâneas de textos organizadas por SIDNEI CARVALHO:

- A Ascensão do Espírito de A a Z – Aprendendo com Ramatís
- Ciência Oculta de A a Z – O véu de Ísis
- Evangelho de A a Z – A caminho da angelitude
- Jesus de Nazaré – O avatar do amor
- Mecanismos Cósmicos de A a Z – O amor do Pai
- Mediunidade de A a Z – O portal da Luz
- Saúde e Alimentação de A a Z – O amor pelos animais
- Transição Planetária de A a Z – A chegada da Luz
- Universalismo de A a Z – Um só rebanho

Obs: A data após o título se refere à primeira edição.

Sumário

Introdução

A homeopatia partilha, com diversas ideias superiores já trazidas a esta humanidade, uma condição típica da inferioridade humana: seus detratores não a conhecem. E grande parte dos seres humanos que poderiam beneficiar-se dela, tampouco.

De vez em quando, nos deparamos com declarações públicas de apedrejamento a essa avançada arte de curar, asseverando que "a homeopatia não tem comprovação científica, cura por sugestão", e outros absurdos assim.

É estranho, considerando que ela é reconhecida pela OMS, pelo Conselho Federal de Medicina do Brasil, é oferecida pelo SUS, atende no país 50 milhões de pessoas, muitas mais no mundo inteiro, e sobretudo, e essencialmente – *ela cura*. E cura ali onde, com extraordinária frequência, a alopatia não conseguiu curar.

Estranho.

Nem tanto, considerando que as mais avançadas propostas descidas dos Planos Superiores e veiculadas por pioneiros e desbravadores da selva humana ainda não foram assimiladas pelo rebanho terrestre, que rumina seus velhos e surrados conceitos, os que o infelicitam há milênios, sem decidir-se a superar o cardápio mental e dar o salto evolutivo para o mundo melhor. Assim é que a igualdade social, a sobrevivência do espírito, as vidas sucessivas, o vegetarianismo e a homeopatia, já exaustivamente comprovados e testados como ingredientes ideais para tecer uma nova visão de mundo e amparar a felicidade coletiva, ainda se agasalham apenas, por enquanto, nas almas mais evoluídas deste pequeno planeta recalcitrante.

Mas o que justifica que um sistema de curar tão avançado, seguro e racional, comprovado em sua eficácia por milhões de evidências, não invasivo, não tóxico, acessível, de amplo espectro curativo, não seja ainda reconhecido *in totum* por médicos e doentes como a mais evoluída das opções terapêuticas da clínica médica? Por que motivo ainda insiste a humanidade em intoxicar-se com a química pesada de compostos que suprimem sintomas, mas não curam, e geram o variado rol de novos sintomas colaterais, com pesados custos?

É o mesmo que perguntar-se por que, tendo a humanidade a seu dispor, hoje, a comprovação exaustiva da sobrevivência, com tantas pesquisas, fatos, registros (até fotos) rigorosos feitos por mentes científicas e cultas, só faltando algum espírito de ator famoso falecido materializar-se no meio da rua em plena hora do *rush* (e mesmo assim os céticos, leia-se ignorantes, ainda iriam duvidar), ainda preferem as criaturas rasgar-se em lágrimas e gritos de desesperança sobre os sepulcros, como se estivessem diante de um fim? Por que não prefere a humanidade informar-se em vez de sofrer?

É a mesma preguiça mental, a mesma obnubilação de consciência e a mesma resignação à ignorância coletiva e ao que lhe servem no cardápio mental os interesses mesquinhos dos que pastoreiam o rebanho humano. Pensar por si mesmo, analisar e avançar para o melhor é próprio só daqueles que desde já são candidatos a compor a humanidade mais evoluída, já com um pé na Nova Era.

Mas afinal, como surgiu e em que consiste a homeopatia?

Hahnemann

Final do século dezoito, na Alemanha. Médico atuante, porém desiludido com a pouca eficácia dos métodos terapêuticos vigentes, Samuel Hahnemann chegou mesmo a abster-se de clinicar em alguns momentos, dedicando-se à tradução de textos médicos. Foi assim que se deparou com um texto de um médico inglês sobre os efeitos da quinina no tratamento da malária, em que afirmava ser ela curativa... porque era amarga (!). Hahnemann decidiu investigar. Ingeriu ele próprio a quinina, e constatou que produzia os mesmos sintomas da malária – a doença que curava. Intrigado, resolveu experimentar outras drogas: beladona, mercúrio, digitalis, ópio, arsênico... todos medicamentos comuns à época. Surpresa: todos eles provocavam, no indivíduo sadio, sintomas similares aos das doenças para os quais eram receitados.

Heureca: estava descoberto o notável, o extraordinário princípio basilar da homeopatia: *os semelhantes são curados pelos semelhantes – Similia Similibus Curentur.* (Era o ano de 1790).

Que aliás, já havia sido apontado por Hipócrates, *o pai da medicina*, cinco séculos antes de Cristo.

Depois de longos testes, experimentais e clínicos, Hahnemann confirmou a exatidão de sua teoria, e guiado pela elevada intuição que o trouxera ao plano físico para desvendar uma nova etapa da arte de curar, materializou essa medicina avançada, prenúncio de uma nova era[1]. Depois de enfrentar o descrédito e a oposição, conquistou a adesão e o respeito de muitos colegas, e fixou na obra *Organon da arte de curar* os princípios da homeopatia, que desde então se disseminou e hoje conta adeptos entre médicos e pacientes mundo afora.

Os medicamentos homeopáticos consistem de doses infinitesimais de substâncias diversas, altamente diluídas e preparadas por sucussão. Nisso consiste a genialidade da terapêutica homeopática, ignorada em seu mecanismo pelos que só conseguem enxergar, com os óculos da materialidade, o que lhes está diante do nariz: o medicamento homeopático tem a fantástica vantagem de ser *energia dinamizada*, e não simples matéria! Em consequência, ele vai atuar diretamente no nível onde se originam de fato os desequilíbrios energéticos da criatura, isto é, nos veículos que realmente sustentam a couraça física: o duplo etérico, o seu verdadeiro alimentador de energia vital (o prana), e o corpo astral, depositário das cargas energéticas nefastas, oriundas de seus desmandos desta ou de outras vidas (e cuja drenagem é depois rotulada pela medicina com o nome de variadíssimas doenças).

[1] Hahnemann publicou, em 1796, o importante ensaio "Um novo método para averiguar os princípios curativos das drogas".

Hahnemann captou a existência desse substrato energético que sustenta o arcabouço físico do ser humano, essa rede de energia vital responsável pelo equilíbrio ou desequilíbrio somático, a força vital que é apanágio do corpo etérico, e a postulou especificamente no seu *Organon*:

> O organismo material, pensado sem a força vital, não é capaz de qualquer sensação, qualquer atividade, nem de autoconservação; somente o ser imaterial (princípio vital, força vital) que anima o organismo no estado saudável ou doente lhe confere toda sensação e estimula suas funções vitais[2].

Hahnemann, o gênio mais lúcido da história da medicina terrena, teve o mérito de intuir o processo cósmico que preside a fisiologia oculta do ser humano em seu conjunto de corpos, e que a "doença" é apenas a manifestação ostensiva de uma condição mais interna e profunda, que é o estado de "doente". Por isso, a homeopatia é uma abordagem integral do ser humano, que *não trata doenças, e sim doentes.* Como tal, ela é eficiente também para tratar e curar distúrbios emocionais.

Hoje, que a realidade fundamental da energia já se impôs à nossa consciência, é fácil dimensionar a profundidade da abordagem hahnemanniana, que postulou aproveitar a energia vital das substâncias minerais e vegetais, e pela diluição libertá-la em seu nível mais dinâmico, o etérico, para ir atuar no campo invisível do ser humano, como diz textualmente no *Organon*: "em altas diluições... a força que permanece oculta em seu estado bruto e como que adormecida, desenvolve-se e sua atividade desperta de maneira incrível".

Alinhada com os conhecimentos milenares da Sabedoria Eterna, comuns nas doutrinas orientais, e precedendo de mais de meio século a revelação espírita, a estrutura filosófica da homeopatia prenuncia o raiar de uma nova civilização, alinhada com a realidade cósmica do homem integral: espírito--energia-matéria, não mais limitado a seu nível mais letárgico, o corpo físico.

Acrescente-se ainda à genialidade da homeopatia que ela

[2] HAHNEMANN, Samuel. *Organon da Arte de Curar.* 6ª ed. Tradução de Edméa Marturano Vilela e Izao Carneiro Soares. Ribeirão Preto: Museu de Homeopatia Abrahão Brickmann, 1995.

recria o sapientíssimo processo cósmico da lei cármica, que prescreve para o espírito enfermo dos desequilíbrios internos – orgulho, arrogância, egoísmo, crueldade, indiferença etc. – o medicamento despertador da consciência que é colocá-lo em contato estreito com pessoas e situações que irão exercer, sobre ele, a mesma ação medicamentosa do *semelhante curando o semelhante*. O prepotente de ontem se vê submetido à prepotência, que tem sobre ele o mesmo efeito curador da gota infinitesimal e dinamizada do mesmo veneno que, em grande dose, adoece e mata. Se o *similia similibus curentur* funciona no universo moral, também o faz no físico, pois "o que está em cima é como o que está embaixo", já desvendou a sabedoria hermética milenar.

A homeopatia é científica e funciona

Mesmo não conhecendo ou admitindo o processo de atuação da terapêutica homeopática, qualquer homem de ciência honesto deveria estar preparado para admitir a força inquestionável de algo que supera qualquer objeção teórica: o fato. E a inquestionável evidência que se pode coletar aos milhares e milhões, na prática da homeopatia, é definitiva: ela funciona. Ela cura. E com frequência, ali onde nada mais curava.

Só isso deveria bastar para que qualquer intelecto operante com um mínimo de neurônios se interessasse por perquirir ou, pelo menos, admitir a validade dessa curiosa, inexplicável e arrasadoramente eficiente arte de curar – ainda que não se enquadre nos postulados e no *modus operandi* da terapêutica oficial dominante.

"Sugestão" ou "efeito placebo" são hipóteses que não se sustentam para explicar a eficácia da homeopatia, diante da evidência de que ela funciona igualmente bem – aliás, muito melhor, geralmente – em bebês e crianças pequenas, e em animais.

Citemos o dr. Marcus Zulian Teixeira[3], em artigo intitulado "A homeopatia tem eficácia comprovada cientificamente?" (Folha de SP, 24/11/2018), que diz, entre outras coisas:

---

[3] Médico homeopata, com doutorado e pós-doutorado pela USP; coordenador e pesquisador da disciplina Fundamentos da Homeopatia (USP); ex-membro da Câmara Técnica de Homeopatia do Cremesp.

Ausência de evidências ou negação das existentes?

A falácia de que "não existem evidências científicas", proclamada reiteradamente, acaba se incorporando ao inconsciente coletivo, servindo como estratégia para aumentar preconceitos contra essa especialidade médica. Fruto da desinformação ou negação acerca das evidências científicas existentes.

Numa fácil consulta à base de dados PubMed, milhares de evidências científicas são citadas ao inserirmos os termos '*homeopathy and research*', com centenas delas descrevendo a eficácia da homeopatia ('*homeopathy and efficacy*'). Ausência de evidências ou negação das existentes?

Em 2017, com o intuito de esclarecer a classe médica e a população, a Câmara Técnica de Homeopatia do Conselho Regional de Medicina do Estado de São Paulo elaborou o Dossiê Especial "Evidências Científicas em Homeopatia", divulgado na Revista de Homeopatia.

Em fevereiro deste ano, o dossiê foi divulgado como 'Editorial' na Revista da Associação Médica Brasileira, em vista de sua importância e da imparcialidade do periódico. Ausência de evidências ou negação das existentes?

Terapia real

Como curiosidade, mas de significativo peso: em agosto e 2018, desencarnou num acidente de trânsito em Londres o dr. Paul Fischer, médico homeopata. Ele era diretor de pesquisa do Hospital Real de Medicina Integrada de Londres. O jornal *London Evening Standard* noticiou que "o dr. Fischer era um especialista de fama mundial em homeopatia e trabalhou como médico homeopata da monarca britânica durante cerca de 15 anos". Então, a rainha da Inglaterra, que poderia dispor dos melhores médicos e especialidades do mundo, tratava-se com... homeopatia! Talvez dai o segredo de sua longevidade tão saudável?

A presente obra

Este pequeno volume é um excerto temático do extraordinário *Fisiologia da Alma*, obra de Ramatís ditada ao sensitivo Hercílio Maes, dos capítulos relativos à homeopatia. Ninguém, antes ou depois, desvendou a atuação dela no cosmo interno invisível do ser humano com a profundidade, a clareza e o ineditismo peculiares aos textos de Ramatís. O iluminado Mestre grego, com sua didática de helênica racionalidade e transparente lógica, elucida em pormenores a natureza, a atuação e as peculiaridades ocultas dessa avançada arte de curar – eletiva para os espíritos terrícolas já afinizados aos pressupostos da filosofia espiritualista do Terceiro Milênio. Espíritos mais leves, podem beneficiar-se da suave terapêutica das *gotas que curam* sem agredir – que se acha à disposição de qualquer um, mas que, não tendo eleitos nem sendo elitista, requer todavia que os enfermos se elejam a si próprios para ela, com o passaporte da lucidez inteligente.

Paz a todos os seres!

Um discípulo da velha Grécia
Médium M.C.

As dinamizações homeopáticas

PERGUNTA: — Custa-nos compreender como é que as doses infinitesimais da homeopatia — que não podem ser comprovadas por nenhum aparelhamento físico como sendo portadoras de qualquer quantidade de medicamento — possam porventura produzir efeitos tão positivos como os da terapia das injeções, xaropes, comprimidos ou antibióticos! Podeis dar-nos esclarecimentos a respeito?

RAMATÍS: — A medicina homeopática é profundamente energética e, embora não se percebam os seus efeitos objetivos, à semelhança do que acontece com a alopatia, as suas drogas dinamizadas produzem resultados terapêuticos decisivos. Trata-se de uma terapia definitiva, que atua através do potencial de energias livres, interpenetrando o próprio perispírito imortal do homem e, assim, procedendo a modificações "de dentro para fora", com uma atuação que se processa desde a esfera mental até à periferia do corpo físico. No entanto, a ação terapêutica dos remédios alopáticos se exerce mais "de fora para dentro", como operação menos profunda e mais dificultosa, efetuada apenas no campo físico, ou da energia condensada, conforme a matéria é agora conceituada pelos sábios terrenos. Sem dúvida, a energia livre é ilimitadamente superior à energia condensada, que compõe a matéria do vosso mundo! Em verdade, o homem físico é apenas um agregado de forças condensadas no cenário do mundo físico, cuja materialização tem início no ventre materno. Durante a gestação, ele surge lentamente de um mundo invisível à visão física, enquanto sua forma se objetiva em incessante trabalho de "abaixamento" vibratório da energia livre.

Mas a verdadeira morada do homem-espírito, mesmo após a sua descida ao escafandro de carne, ainda continua a ser aquele mundo oculto, da energia livre, onde ele permanece interpenetrado pelas forças de todos os planos de vida criada por Deus. Em consequência, é óbvio que só terão êxito definitivo no restabelecimento da saúde do corpo carnal os medicamentos que forem particularmente dirigidos para o mesmo campo de forças donde o homem se originou. E isso só é possível pelo remédio homeopático, porque ele é fundamentalmente energia e não massa; é mais dinâmica e menos letargia; mais força e menos medicamento; mais operante e menos estático. É um poderoso catalisador que desperta energias, acelerando reações no organismo combatido, pois intensifica e eleva o seu "quantum" de vitalidade adormecida, ajustando o potencial psicofísico desarmonizado e operando através da sua energia infinitesimal potencializada.

Mediante as recentes aplicações terapêuticas do som e da radioatividade, e a conquista da energia atômica, pode-se comprovar atualmente o poder assombroso do mundo infinitesimal, assim como a realidade poderosa do mundo da energia oculta aos sentidos físicos.

PERGUNTA: — Temos refletido longamente sobre essa vaga probabilidade de que algumas gotas de fugitiva emanação de uma substância, ou de um tóxico dinamizado, possam curar infecções, úlceras, chagas, hidropisia ou, então, restabelecer as funções de um enfermo cardio-hepato-renal! Que nos dizeis sobre tal dúvida?

RAMATÍS: — A natureza é pródiga em vos demonstrar que ela concretiza as suas maiores realizações através das operações mais diminutas. O gigantesco Amazonas é resultado de um singelo fio d'água que desce na região do Peru; o mais espantoso incêndio pode ter sua origem na mais inofensiva faísca de fogo; o arrasamento de Hiroshima se deve unicamente à libertação da energia atômica contida numa esfera do tamanho de uma bola de pingue-pongue, o carvalho secular é fruto de uma diminuta bolota; a ternura de Francisco de

Assis e a genialidade de Einstein puderam-se manifestar no vosso mundo graças à vida invisível de dois espermatozoides! Em consequência, a energia infinitesimal que dormita no seio de uma gota homeopática também pode desatar o poderoso campo de forças que aciona o psiquismo humano e comanda o cosmo orgânico do homem!

PERGUNTA: — E como poderíamos avaliar melhor essa ação energética da medicação homeopática?

RAMATÍS: — Quando o paciente ingere uma dose de "alta dinamização", com a qual o médico homeopata haja acertado com êxito a medicação de fundo ou dose constitucional eletiva, a sua "aura vital" reveste-se de brilhante nuvem radioativa, que a envolve intensamente, embora seja invisível aos olhos dos encarnados. As energias que se libertam pela ação catalisadora de alta dose homeopática rodeiam a criatura até à distância de três a quatro polegadas, em todos os sentidos de sua aura vital[4], formando um irradiante ovo em tom metálico, bem esbranquiçado que, de princípio, se assemelha bastante à miniatura do impacto de uma bomba atômica. Mesmo sobre o ápice da "aura vital" humana, se percebe a princípio a figura do sugestivo cogumelo atômico, embora apenas na forma de uma radiação transparente, que flutua e se expande diretamente do veículo aquoso da dose homeopática ingerida pelo doente. Assim que os "chacras" ou centros de força do duplo-etérico captam essa energia livre e potencializada e a vão absorvendo pelos seus vórtices irisados, produz-se o abaixamento vibratório do energismo desperto em combinação com o medicamento homeopático, fazendo-se a necessária condensação para a intimidade do corpo físico.

A energia que foi potencializada e se liberta da "alta dose" homeopática tende a se concentrar mais rapidamente na região áurica do crânio, convergindo vigorosamente para a região cérebro-espinhal e se disseminando, pouco a pouco, pelas zonas dos plexos nervosos braquial, cervical e dorsal para, em seguida, atingir o plexo solar, na região abdominal. Sob a influência dessa carga energética poderosa, o sistema nervoso põe-se ativamente a funcionar e restabelece o meta-

[4] A aura do duplo-etérico (N. R.)

bolismo do sistema endocrínico debilitado, operando gradativamente no levantamento e no equilíbrio de todas as funções orgânicas perturbadas. A glândula hipófise, que é a regente orquestral do cosmo orgânico do homem, renova-se, então, em função conjugada com a epífise, constituindo-se no "elo" da esfera mental e psíquica, e carregando para o corpo físico todas as energias disponíveis proporcionadas pelo despertamento energético da dose infinitesimal homeopática. Sob esse socorro dinâmico é possível, então, efetuarem-se as correções necessárias e atender-se com urgência a todas as solicitações destinadas a manter a harmonia e a saúde humana.

O maravilhoso potencial de força que é o perispírito, o grande responsável pelo equilíbrio do organismo carnal, acelera então a sua produção energética, assim que recebe o reforço dinâmico da alta dinamização homeopática. A Mente Divina, como o princípio coordenador de toda a criação cósmica, manifesta-se também através da alma do próprio doente, quer orientando-o quanto aos meios mais urgentes para restabelecer a sua harmonia e saúde, como processando as trocas vitais orgânicas, aproveitando para isso todas as forças internas disponíveis. A terapêutica homeopática desperta as forças do cosmo orgânico do homem e reeduca o trabalho dos órgãos debilitados, pondo-os em relações harmoniosas com os seus sistemas diretores. É ação extraordinariamente benéfica ao corpo humano, constituindo-se no coeficiente de forças que são colocadas docilmente sob o próprio controle mental da "divina natureza" e que operam movimentos inteligentes sob o mais rigoroso cientificismo etérico transcendental.

O impacto da energia infinitesimal, que se liberta da substância dinamizada na alta dose, transforma-se então no socorro eficiente e poderoso com que a ciência divina atende ao corpo combalido da criatura humana. O efeito da alta dinamização homeopática no corpo físico poderia igualar-se a um vigoroso passe magnético de energia potencializada e de ação contínua. Na realidade, conforme não ignoram os ocultistas, a dinamização homeopática potencializa a própria alma vital da planta, do mineral ou da substância tóxica extraída do animal, motivo por que não violenta o organismo, mas o ajuda sabiamente a conseguir com suas próprias forças o seu equilíbrio e saúde.

PERGUNTA: — A "alta dose" a que vos referis se distingue, porventura, da ação de qualquer outra dose homeopática? Não é sempre a mesma coisa a medicação homeopática?

RAMATÍS: — Em geral, o povo só conhece a 5ª dinamização popular, que pode ser ministrada sob menor responsabilidade, porque se situa no limiar da dosagem mais drenativa e da de fundo constitucional. Da 5ª dinamização para baixo, as doses homeopáticas se prestam para atuar com mais urgência, por serem capazes de provocar uma ação energética mais apropriada aos surtos agudos. São essas doses baixas os medicamentos mais adequados à eliminação dos resíduos e das toxinas orgânicas, pois drenam os órgãos afetados e auxiliam também o trabalho das altas doses que, por serem o remédio de fundo constitucional, podem provocar a agravação momentânea do estado do enfermo.

As baixas dinamizações, além do seu efeito mais local e apropriado aos casos agudos, ainda funcionam à semelhança de verdadeiras vassouras que, através dos rins, da pele ou do intestino, expulsam a substância residual enferma, desagregada do corpo físico. É por isso que o uso da 5ª dinamização tornou-se então mais comum, pois é o tipo que melhor atende às necessidades em geral e, por isso, é muito preceituada nos centros espíritas. É a medicação intermediária entre os casos agudos e crônicos, a terapêutica cotidiana mais comum, embora dentro do mesmo princípio da dose infinitesimal elaborada por Hahnemann. Quando se trata, porém, de enfermidade de longa data, que já afeta até o temperamento do enfermo ou desafia a medicina alopática, a cura definitiva só se efetua pelas altas doses, ou altas diluições, as quais, embora ultrapassem a concepção humana, são capazes de modificar o próprio terreno temperamental e os sintomas mentais do enfermo.

A 5ª dinamização é a dose mais conhecida e usada por aqueles que ainda não estão habituados a consultar o médico homeopata, e a sua divulgação no Brasil muito se deve ao pitoresco receituário espírita.

PERGUNTA: — Porventura tem importância o tipo da substância vegetal, mineral ou animal que serve para a dinamização homeopática, uma vez que só é aproveitada e potencializada a sua energia? Esse aproveitamento energético não poderia dispensar a necessidade de se usarem vários tipos de medicamentos, quando bastaria apenas a energia livre, aproveitada de qualquer substância?

RAMATÍS: — A energia potencializada nas doses infinitesimais, e aplicada sob a lei de que "os semelhantes curam os semelhantes", é força emanada da própria alma vital[5] da espécie vegetal, mineral ou animal, da qual é aproveitado o seu vigoroso eterismo, ainda inacessível às pesquisas dos laboratórios do mundo material. Essa energia ultrapassa o campo comum da substância material, para então agir mais prontamente no seu verdadeiro "habitat", que é a energia livre, do Universo, e possui as características particulares da substância vegetal, mineral ou animal a que pertence, na qual vivia na condição de "energia condensada", como o é a matéria. Depois de liberta e potencializada nas doses homeopáticas, então funciona no organismo humano como um catalisador, uma espécie de fermento etérico, que desperta as energias latentes, acelera os campos eletrônicos e produz várias reações com sua presença. Mas, sendo energia livre que pertence a uma determinada espécie do mundo físico, tendo sido plasmada em obediência às leis específicas do reino que representa, também só produz reações dinâmicas em concomitância com a sua natureza e origem. Daí a necessidade dos vários tipos de medicamentos energéticos homeopáticos, pois cada um deles, embora seja emanação extraída da alma vital de qualquer substância animal, mineral ou vegetal, que depois interpenetra o perispírito do paciente e reage sobre o seu mecanismo físico, só produz reações e desperta o energismo em perfeita afinidade com a própria substância donde provém.

É por isso que o maior sucesso da terapia homeopática, tão sutil, não depende apenas da habilidade e do acerto profissional do médico homeopata ao prescrever o medicamento exato para o tipo psicofísico individualizado, pois o êxito tam-

[5] Duplo etérico (N.R.)

bém decorre muitíssimo das condições eletivas que o próprio paciente possa demonstrar para com a homeopatia, como já pudemos expor.

PERGUNTA: — Podeis dar-nos uma ideia mais compreensível do que seja a dinamização homeopática?

RAMATÍS: — Como já tivemos ocasião de explicar, trata-se de um processo por meio do qual a energia dinâmica que existe na intimidade da matéria, proveniente de todos os reinos da Terra, é liberada e potencializada. Na realidade, dinamizar é radioativar, ou seja, acelerar a fuga da energia condensada na substância que se desintegra pelo atrito, fricção ou fissura, e que assim se potencializa, centuplicando as suas emissões energéticas. A substância material, ou propriamente energia condensada, quando é desintegrada e potencializada pelo processo homeopático, transforma-se em energia livre que, depois de ingerida pelo enfermo, se transforma num poderoso catalisador e ativa as reações das energias latentes no corpo físico. A dose homeopática infinitesimal e dinamizada, que é a própria substância transformada em energia livre, pode atingir profundidades inacessíveis à medicação alopática. Uma dose de tintura-mãe de china, é considerada remédio maciço; no entanto, a mesma china, elevada à milésima dinamização homeopática, já não passa de energia liberta e dinamizada, cujo grande potencial pode produzir intensa aura radioativa no enfermo e visível para muitos espíritos desencarnados. Diz a própria ciência terrena que a matéria e a energia são apenas diferentes modalidades vibratórias da mesma coisa; quando a energia livre baixa em direção à vida física, é que ela se constitui na matéria ou no estado de energia condensada. Em consequência, o perispírito — que é o molde fundamental preexistente, do homem, e que funciona ativamente no mundo oculto, através do seu campo energético acumulativo e do seu poder químico transcendental — aglutina a energia livre em torno de si e a faz baixar em direção à vida material, a fim de sustentar o corpo de carne, que é o seu exato prolongamento físico.

E por isso que a alta dinamização homeopática provoca extraordinárias modificações no todo energético do perispírito pois, sendo energia livre, consegue atuar com eficiência na estrutura delicada desse valioso instrumento da alma, operando através do fenômeno de repercussão vibratória e em favor do equilíbrio orgânico.

A dinamização homeopática aumenta a capacidade da substância curativa em seu campo energético e áurico pois, à medida que for mais elevada essa potencialização, também se operam transformações mais profundas na intimidade da criatura humana.

PERGUNTA: — Quais alguns exemplos de drogas ou substâncias usadas em doses infinitesimais na terapêutica homeopática mas que, dadas em doses maciças, podem produzir perturbações mentais?

RAMATÍS: — Entre as variedades de cânhamo europeu, por exemplo, existe um tipo conhecido por "pango" ou "diamba", cujo tóxico produz no homem sadio variados sintomas mentais, pois ataca o sistema nervoso, determinando-lhe um estado de intensa exaltação, extensiva a todas as demais percepções emotivas e concepções mentais, inclusive todas as suas sensações, que se tornam excessivamente exageradas. Sob a ação tóxica do "pango", as pessoas meigas tornam-se ainda mais ternas, prazenteiras e felizes, enquanto que as de fácil irritação tornam-se violentas, coléricas e raivosas até o último grau.

É o exagero o principal sintoma mental que tal espécie de cânhamo provoca nos seus intoxicados, os quais então se queixam de que os minutos lhes parecem anos e alguns passos se lhes afiguram muitas milhas, ao mesmo tempo que suas ideias amontoam-se e confundem-se no cérebro, podendo chegar até ao "delirium tremens", à excessiva histeria e à subjugação completa às ideias fixas.

Sob a lei do *similia similibus curentur*, e para os casos idênticos aos acima, a homeopatia prescreve a dose de cannabis indica, que nada mais é do que o próprio cânhamo europeu, chamado vulgarmente de "pango", então dinamizado na terapêutica infinitesimal! Da mesma forma, a dose homeopática de *ignatia amara* cura as grandes contradições de espírito, os estados súbitos de pesar para alegria, ou vice-versa, inclusive os temperamentos excessivamente caprichosos, as tendências à melancolia e o choro sem motivo, pois que também é dinamizada da fava-de-santo-inácio, originária das Filipinas, cuja baga produz os mesmos sintomas mentais nos que a comem imoderadamente.

Os homeopatas também curam os mais fortes estados de melancolia e prostração com a dose de *belleborus niger*, porquanto a intoxicação por doses maciças, produzidas por esta planta medicinal da família das liliáceas, provoca grande prostração física, deixa o doente silencioso, estupidificado e falando de maneira a não ser compreendido, além de tornar-se excessivamente melancólico e sem poder manter o governo do espírito sobre o corpo.

É por isso que também se usam as doses de beladona e de china para certos estados de delírio ou loucura, pois essas substâncias, dadas em doses maciças e imoderadas, provocam tais sintomas, como já tem ocorrido nos tratamentos epidêmicos das gripes e malária.

O arsenal homeopático é rico de tais recursos, possuindo inúmeras diluições que atendem aos mais variados casos de perturbações emotivas e mentais nos seus pacientes.

PERGUNTA: — De que modo se produzem as modificações mentais ou psíquicas nos enfermos tratados pela homeopatia, segundo a vossa afirmação de que os sintomas mentais podem ser modificados pelas doses infinitesimais?

RAMATÍS: — Os médicos homeopatas experimentados só preceituam suas doses depois de focalizarem o quadro psíquico do seu paciente, porque se preocupam mais propriamente com os doentes do que mesmo com as doenças ou sintomas isolados. Eles cuidam de abranger todo o edifício arquitetônico da criatura, quer indagando das causas ocultas que possam sofrer a influência da mente e do psiquismo perturbado, quer investigando a síntese dos sintomas reveladores da perturbação panorâmica em relação ao ambiente.

A produção mental, os sentimentos, a emotividade e o arcabouço físico do enfermo são examinados pelo homeopata num mesmo nível de interesse e unidade, em lugar de uma pesquisa que se estenda apenas aos órgãos locais ou sintomas à parte, como se se tratasse de um indivíduo autômato, sem vontade e direção própria. Como se fora um engenheiro hábil, o médico homeopata, antes de se preocupar exclusivamente com a brecha assinalada em uma parede fendida, cuida de perquirir a natureza do terreno, que é o verdadeiro responsável pela causa do defeito. O ser humano deve ser examinado mais em função de sua coordenação psíquica e anímica que considerado um simples agregado de moléculas e células que possam enfermar sem qualquer influência das variações mentais e emotivas.

Sob tal conceito lógico e sensato, foi que Samuel Hahnemann considerou que a saúde, tanto quanto a doença, vem "de dentro para fora" e "de cima para baixo", regra esta que então se constitui num dos alicerces fundamentais da prática homeopática.

Como não é possível atestar-se a existência das partículas infinitesimais nas altas diluições homeopáticas, os seus opositores descreem da possibilidade da cura pelo medicamento dinamizado que, entretanto, desafia e ultrapassa qualquer esforço visível e experimental dos laboratórios da Terra. O fato de os cientistas terrícolas não poderem atestar a objetividade desse energismo assombroso não é porque ele não exista, mas porque a ciência humana ainda é demasiadamente precária para obter tal prova! A incapacidade científica de se verificar a realidade do fenômeno homeopático de modo algum implica em se negar o poder inigualável das altas diluições.

Evidentemente, os cientistas da Idade Média também deveriam ter negado a tremenda possibilidade do controle e sucesso da energia nuclear, hoje tão famosa, mas de modo algum a sua descrença impediu ou invalidou o êxito da descoberta atômica do século XX!...

A evolução da homeopatia

PERGUNTA: — Desde que espíritos desencarnados podem prever com mais certeza os acontecimentos futuros do nosso mundo, podeis dizer-nos se o emprego da homeopatia tende a se difundir tanto quanto já ocorreu com a alopatia?

RAMATÍS: — Assim como inúmeras realizações e idealizações empíricas, outrora consideradas como charlatanismo, já se impõem atualmente como eventos científicos incontestáveis, também a homeopatia há de se consagrar como uma das mais exatas ciências de curar o homem. No momento, a medicina alopática sente-se quase impotente para solucionar muitos casos de enfermidades que se multiplicam incessantemente, enquanto que a farmacologia moderna, sob desesperada competição comercial, vê-se obrigada a substituir por outros os seus medicamentos, com a mesma pressa com que os costureiros fazem variar a moda feminina!

O desenvolvimento mental do cidadão do século XX, assim como os atuais descobrimentos científicos na esfera eletrônica, dão capacidade suficiente ao homem para compreender o mecanismo do mundo infinitesimal e o consequente poderio das doses dinamizadas da homeopatia. Mas é evidente que a história sempre se repete quando ocorrem descobertas valiosas para a humanidade, pois esta reluta em reconhecer o valor dos seus grandes pioneiros. Apesar da consagração moderna do magnetismo e do hipnotismo terapêutico, Mesmer e Braid, seus descobridores, foram considerados em sua época como hábeis charlatães. Pasteur, hoje consagrado como uma das glórias incontestáveis da ciência médica, também foi hostilizado quanto tentou demonstrar a vida microbiana; Harwey, que descobriu a maneira pela qual se processa a circulação sanguínea, e Semmelweis, o médico que identificou a febre puerperal, foram considerados néscios, embora suas descobertas formem hoje as bases dos mais rigorosos tratados científicos modernos.

Samuel Hahnemann, o gênio da homeopatia, também teve sua vida amargurada pela perseguição e pelo sarcasmo dos médicos alopatas; mas tudo isso há de se transformar no mais profundo respeito ao critério científico da homeopatia, pois chegará a época em que a ciência médica terá de penitenciar-se pelo fato de haver esquecido aquele homem durante tanto tempo. Ele foi um dos maiores cientistas da humanidade, e o seu método terapêutico, enquadrado na lei de que "os semelhantes curam os semelhantes", é o mesmo que a própria Natureza costuma empregar no tratamento das enfermidades crônicas quando, sob genial processo, acrescenta outra função enfermiça à própria doença que pretende curar.

Não ignoram os próprios médicos alopatas que a lei do "*similia similibus curantur*" também rege os princípios da vacinoterapia, da dessensibilização alérgica, no tratamento hormonal, e faz parte de várias terapêuticas modernas, enquanto em doses infinitesimais são preparados os histamínicos, os isótopos, os coloides e os dessensibilizantes! E, após as descobertas que a ciência logrou no terreno da energia nuclear, já não se pode mais duvidar do dinamismo pontificado por Samuel Hahnemann no seu tratamento homeopático.

PERGUNTA: — Os mentores espirituais do nosso planeta não poderiam auxiliar a medicina alopática a consolidar a sua terapia de modo tão preciso que, então, se pudesse dispensar o método homeopático? Uma vez que este está em oposição à prática tradicional da primeira, não serve isso, porventura, para aumentar ainda mais a competição entre duas escolas diferentes?

RAMATÍS: — O progresso e a purificação da vossa humanidade são acontecimentos já previstos num grande plano espiritual, mediante o qual é supervisionada a vida terrena, enquadrando-se todos os seus acontecimentos em uma disciplina superior, a fim de que cada coisa possa se enquadrar no seu ciclo exato, em benefício da evolução geral. A técnica evolutiva da vida do homem determina que, à medida que certa coisa se consolide, outra já deve estar pronta para substituí-la no futuro.

Quando a medicina alopática mal consolidava ainda os seus princípios fundamentais, organizando o seu corpo doutrinário e disciplinando a formação médica pelo curso acadêmico, a lei progressiva já orientava também os primeiros estudos e experimentações, ainda indecisos, na esfera da homeopatia.

Samuel Hahnemann e os seus devotados discípulos, como espíritos missionários a serviço do bem da humanidade, descobriam então as primeiras leis e estabeleciam as regras fundamentais de um novo sistema terapêutico que, mais tarde, deveria impor-se ao velho método de curar e tornar-se preciosa contribuição à medicina terrena.

Visto que os homeopatas ainda se assemelham a corajosos pioneiros devassando a selva hostil dos sarcasmos e da desconfiança médica alopata e não têm podido revelar ainda toda a capacidade da homeopatia, o plano espiritual já movimenta outros recursos terapêuticos, cujas raízes, por ora ocultas, parecem basear-se nos mesmos princípios de cura das experimentações homeopáticas.

Trata-se da moderna medicina "Psicossomática", que considera o homem como alguma coisa mais importante do que uma simples máquina, e pretende tratá-lo como uma entidade global, um todo corpo-alma, e considerá-lo terapeuticamente em todas as suas relações íntimas ou com o ambiente. Em consequência, é uma eficiente terapia que servirá para mais facilmente se chegar à futura psicoterapia, livre então do medicamento material.

Com esta explicação ser-vos-á fácil reconhecer que, no tratamento da saúde do homem, a Lei Espiritual vai empregando várias técnicas compatíveis com o seu próprio progresso mental e científico, mas visando sempre a sua maior elevação e cura psíquica. Eis por que os métodos da medicina bárbara do passado — com o exagero no cautério a ferro em brasa, a excentricidade das moxas, das ventosas, dos sedenhos, dos exutórios e das fontanelas, das sanguessugas e da terapêutica escatológica, o tratamento por meio de vomitórios e purgativos em massa, a medicação contraditória, versátil e tóxica da medicina alopata — são apenas degraus preparatórios e elos intermediários que consolidam o êxito da terapêutica homeopática, preparando também o terreno para a futura medicina psicoterápica pura e racional, assim que o homem lograr melhor adiantamento espiritual.

A homeopatia não é doutrina médica propositadamente adversa à alopatia, mas apenas uma resultante natural do progresso terapêutico do mundo terreno, em conformidade com a própria evolução mental e psicológica do homem. É um método que não deve ser subestimado e que não desaparecerá sob qualquer crítica acadêmica, porque representa exatamente uma das etapas avançadas da Ciência Médica a caminho da psicoterapia absoluta.

PERGUNTA: — Como poderíamos ter uma ideia dessa etapa avançada da Ciência Médica, em que a homeopatia representa a base favorável para a Psicoterapia absoluta, no futuro?

RAMATÍS: — O médico que saltar inopinadamente do conhecimento e do hábito exclusivo da alopatia ao exercício da medicina psicossomática, sem primeiro conhecer os efeitos e as sublimações cientificamente verificáveis que a prática da homeopatia exerce nos temperamentos, na mente e no psiquismo, sempre há de se defrontar com grandes dificuldades na sua diagnose, desperdiçando precioso tempo à margem de conjecturas. A natureza das indagações do médico psicoterápico e o seu consequente julgamento terapêutico podem muito bem não corresponder à realidade essencial do psiquismo do seu paciente, se esse médico ignorar o sentido exato das leis espirituais que disciplinam a manifestação do espírito na forma carnal.

O enfermo não revela por si mesmo, ao médico, com toda exatidão, os princípios psíquicos desarmonizados que são a causa exata de sua enfermidade e, se o pudesse fazer, obviamente poderia ser o seu próprio médico. Ele apenas expõe os efeitos mórbidos das causas ocultas, que ignora, e procura a solução através de pessoas entendidas; revela as suas próprias impressões ao responder às indagações médicas, sem que por isso esteja identificando a realidade causal e revelando os fatos exatamente como eles ocorrem. Toda a sintomatologia orgânica ou psíquica, observada pelo médico ou transmitida pelo enfermo para o mundo exterior da matéria, é apenas um efeito do que se produziu sob a regência íntima de leis e princípios espirituais comumente ignorados tanto pelo próprio médico como pelo seu paciente. Todos os fenômenos do vosso mundo, tais como o calor, o frio, a eletricidade, a tempestade ou a simples composição da água, obedecem a leis imutáveis e que serão idênticas em qualquer latitude do orbe ou em qualquer época de sua apreciação. O êxito do progresso e da realização científica no mundo terreno não se deve totalmente à descoberta dos fenômenos propriamente ditos ou ao fato de terem sido controlados em sua manifestação espontânea ou conhecidos em sua origem, pois o sucesso sempre depende mais do fato de os cientistas terem podido identificar a própria natureza das leis que regem tais fenômenos.

Será preciso, pois, que no exame do enfermo o médico não confie apenas naquilo que pode impressionar os seus sentidos físicos ou despertar-lhe associações de ideias que lhe favoreçam as conjecturas psicológicas, mesmo quando o resultado possa satisfazer aos métodos oficiais e indagativos estabelecidos pela psicoterapia ou pela psicanálise. Isso implicaria apenas em um ajuste de sintomas físicos, ou presumidamente subjetivos, a programas, regras e uma ética criada pelos homens, mas com ignorância da vigência exata das leis espirituais indiscutíveis, que disciplinam os fenômenos mas não se modificam de modo algum, apesar das novas doutrinas científicas criadas pelo homem. Isto posto, é preciso que, em qualquer pesquisa mórbida, se procure descobrir antes quais são as leis exatas, criadas pela natureza ou pela Divindade, que realmente governam as causas e os efeitos das enfermidades em observação. Essas leis imutáveis e espirituais, que atuam indiscutivelmente sobre as causas e os efeitos na vida humana, estabelecendo tanto a saúde como a enfermidade, agem especificamente no mundo mental oculto, que nutre o pensamento, assim como também no mundo etéreo-astral, que alimenta as emoções e interpenetra a manifestação do espírito humano na forma física (3). Os sentidos físicos, como recursos identificadores da pessoa no mundo carnal, observam e avaliam as formas; mas estas são apenas uma expressão mais grosseira e transitória das energias livres que "desceram" ou "baixaram" dos planos ocultos e imponderáveis, para então se plasmarem organicamente no cenário da vida material.

Para melhor compreensão, vide a obra A origem oculta das doenças, de Ramatís, Ed. Do Conhecimento, Limeira.

E como as doses homeopáticas infinitesimais e dinamizadas conseguem penetrar mais intensamente nesse mundo oculto das forças livres, pois elas interferem até nos sintomas mentais, a homeopatia deve ser considerada como uma etapa avançada da ciência médica moderna, servindo de base experimental para o êxito definitivo da Psicoterapia.

PERGUNTA: — A homeopatia poderia tornar-se um dia uma ciência que dispensasse a cirurgia?

RAMATÍS: — De modo algum, pois somente a cirurgia poderá atender aos casos de lesões corporais, deformações orgânicas, estenoses ou destruição e rompimento dos tecidos, assim como à extração de corpos estranhos do organismo humano. Sem dúvida, a homeopatia poderá ajudar a consolidar fraturas nos casos de acidentes ósseos, ou então favorecer determinada calcificação nas lesões pulmonares; quanto, porém, à operação mecânica de consertar ossos ou ajustar músculos traumatizados, só a intervenção cirúrgica ou ortopédica é que realmente poderá resolver o caso.

Não temos a intenção de considerar a homeopatia como a única ciência médica, assim como não a consideramos capacitada para, em sua dinâmica, substituir a preciosa assistência cirúrgica que pode resolver ou corrigir as deformidades orgânicas. Queremos explicar que a sabedoria homeopática é medicina que, em sua penetração sutil no cosmo orgânico, é a que melhor pode conservar a saúde humana porque, além de curar as mais renitentes enfermidades, ainda imuniza o organismo contra futuras consequências, evitando, mesmo, determinadas intervenções cirúrgicas.

O nosso principal escopo, nestas considerações, é despertar a atenção dos facultativos bem intencionados, a fim de que estudem com ânimo e critério a medicina homeopática, comprovando que ela cura realmente só pela mobilização das forças do próprio organismo, em vez de forçar os órgãos enfermos a um trabalho isolado, obrigados a funções violentas e inesperadas, para as quais não estão preparados nem fortalecidos, ficando ainda agravados pela drenagem tóxica da medicina alopática. Sob a homeopatia, é o próprio organismo que acelera e dinamiza suas energias vitais, promovendo as operações necessárias para suster e destruir a invasão microbiana perniciosa. Ela reeduca o organismo e o imuniza em suas bases energéticas, vitais, potencializando-o num estado de vigília e segurança que o coloca em defesa contra qualquer enfermidade imprevista.

PERGUNTA: — Certa vez ouvimos pessoas entendidas no assunto terapêutico afirmarem que a homeopatia não evoluiu. Podeis dizer-nos alguma coisa a esse respeito?

RAMATÍS: — Um dos princípios mais importantes da homeopatia é o estudo das reações recíprocas do indivíduo em contato com as manifestações mais comuns de sua moradia física. Muitos dos princípios adotados por Hahnemann já estão em franca aceitação pela medicina alopática, embora ela só os reconheça sob outros aspectos e queira negar-lhes a prioridade na prática homeopática. Os homeopatas, como já vos dissemos, sempre consideram o homem enfermo também em suas relações com o ambiente em que vive pois, além da necessária pesquisa das causas mórbidas geradas na intimidade da criatura, estudam-na em qualquer analogia que ofereça com o próprio mundo exterior onde ela opera.

Como a homeopatia fundamenta-se em princípios imutáveis e sob as leis permanentes que garantem a estrutura definitiva da doutrina, é evidente que a sua evolução só poderia ser constatada na multiplicidade e na variedade da aplicação de novos medicamentos dinamizados. À medida que aumenta a população terrena, também cresce o número de novos tipos psicossomáticos e passíveis de novas oportunidades terapêuticas dos medicamentos dinamizados. Assim como as leis e as regras espirituais que governam o mundo terreno são imutáveis e certas, também as leis que fundamentam a homeopatia não se alteram nem se substituem em qualquer época ou em qualquer latitude geográfica do orbe. As suas leis não evoluem, porque são princípios definitivos e derivados das próprias leis que governam a vida espiritual, e que também são fixas, como o próprio Deus, que não evolui, pois já contém em Si mesmo o máximo de Sabedoria, Poder e Vontade. Elas regulam a afinidade entre as substâncias, a coesão entre os astros e a afinidade entre os seres, pois derivam de uma só Lei, que é a Lei do Amor de Deus, expressando-se por várias formas e planos da vida cósmica.

É por isso que, tanto no passado como no presente e como o será no futuro, a lei de que "os semelhantes curam os semelhantes" permanece disciplinando o processo da cura homeopática, sem qualquer alteração em seu fundamento imutável. Esta é uma das principais verdades científicas da homeopatia, e sob essa lei mantém-se a mesma qualidade original desde a sua consolidação, pois só mediante a modificação de tal princípio fundamental é que então mudar-se-ia também a doutrina da medicina infinitesimal.

PERGUNTA: — Mas a descoberta de novos medicamentos também não comprova que a homeopatia precisou de outros recursos terapêuticos e que, portanto, carece de progredir?

RAMATÍS: — O progresso da homeopatia só seria compreensível na sua maior amplitude de serviço terapêutico, ou com a identificação de novos tipos de enfermos para a sua área de aplicação medicamentosa. Além dos medicamentos seculares, também foram dinamizadas novas substâncias, que assim puderam atender a novos tipos de enfermos, alguns cujos temperamentos "sui generis" são mais afins à inquietação do século atômico. Em face da complexidade e superatividade em que viveis atualmente, também aumentaram as susceptibilidades dos indivíduos, que são obrigados a constantes mutações que lhes aceleram as reações temperamentais, e sensibilizam-lhes o psiquismo prenhe de angústias quotidianas. Assim é que os homeopatas modernos também encontram tipos mais sutis e complexos para a sua costumeira identificação psicofísica, pois não podem desprezar as suas inesperadas reações, próprias da vida bulhenta das cidades e das mil adaptações na atmosfera saturada de eletricidade, emanações químicas e crescente radioatividade, coisas que não sucediam no tempo das experimentações de Hahnemann e dos seus devotados discípulos. Eles hoje se veem obrigados a empregar um processo semelhante ao que, na medicina alopática, se costuma fazer com os doentes alérgicos, quando se lhes aplica a medicação dessensibilizante, para ajudá-los a expurgar os fatores alérgicos. Assim, procuram primeiramente neutralizar nos seus pacientes os fatores decorrentes do ambiente tão contraditório, através de doses preventivas que desintoxicam e dessensibilizam o psiquismo afetado pelos distúrbios da vida moderna, onde cresce cada vez mais a perturbação, pelos motivos já apontados.

Embora na vida atual tenham-se manifestado novos e múltiplos fatores de perturbações que eram inexistentes e mesmo imprevisíveis no tempo de Hahnemann, todos os princípios do seu genial método de cura continuam a ser aplicados cada vez com mais êxito. Os homeopatas modernos já puderam comprovar que o sistema terapêutico hahnemaniano possui um arsenal definitivo para atender a todos os tipos de indivíduos que constituem a escala humana, cujo êxito de cura, sem dúvida, dependerá de sua eletividade. Eis por que a homeopatia, como ciência exata e disciplinada por meio de regras perfeitas e derivadas de elevadas leis espirituais, não apresenta um padrão evolutivo diferente de sua doutrina original, pois já se consolidou, em seu início, sob inalterável qualidade espiritual. O seu progresso, portanto, se assim se considerar, há de ser pela sua eficiência em atender a maior quantidade de pacientes.

A terapêutica homeopática

PERGUNTA: — Temos tido ocasião de notar que alguns médicos homeopatas, ao examinar seus consulentes, dispensam o cuidadoso exame clínico próprio dos médicos alopatas, parecendo indiferentes aos exames de laboratório, radiografias, reações sanguíneas e, certas vezes, limitando-se a anotar uma série de indagações que nada têm que ver com a enfermidade. Cremos que tal sistema de clinicar é que inspira certa desconfiança para com a clínica homeopática, pois o cliente nota que não está sendo examinado sob a técnica médica a que todo mundo está acostumado. Que nos dizeis a respeito?

RAMATÍS: — O médico homeopata experimentado, bastante integrado em sua função terapêutica, estudioso das leis espirituais, apesar de ser um cientista limitado pelos cinco sentidos, é quase sempre um intuitivo e de sensibilidade psíquica aguçada, capaz de sondar o doente não apenas em função de sua moléstia, mas também no seu todo "corpo e alma", ou seja, conforme ele pensa, sente e age. A sua tarefa é individualizar o remédio mais afim e em sintonia com a caráter, o temperamento e o todo psíquico do seu paciente; preocupa-se muito mais com o doente do que em apenas diagnosticar a doença.

O paciente do médico homeopata não deve ser considerado apenas como portador de um órgão ou sistema afetado, ou em função de uma doença específica, mas acima de tudo, inquirido em razão do seu próprio tipo psicossomático, em que são levadas em conta todas as suas idiossincrasias e sintomas mentais. A soma do todo mental, psíquico e físico, do indivíduo, é o que interessa particularmente ao médico homeopata: seu entendimento psicológico, o seu sentimento, a sua emotividade e o seu raciocínio, em confronto com o ambiente em que vive. É fora de dúvida que, em qualquer manifestação doentia, não se opera no indivíduo a separação do sentimento e da razão ou da vontade e do entendimento porquanto, se tal ocorresse, resultaria disso a alienação mental, o completo descontrole orgânico e sua morte fatal.

Daí se considerar que a sabedoria homeopática deriva da própria sabedoria divina pois, se o homem é um todo manifestando-se intensamente no cenário do mundo físico, é óbvio que, quando ele enferma, também deve ser tratado "de conformidade com as suas obras", ou seja: de acordo com suas realizações, pensamentos, vontade e sentimentos já consagrados em sua vida psíquica e física. Para o médico homeopata, o que importa do paciente são os seus cacoetes, o seu temperamento, as suas manias e reações emotivas; se for possível, até as suas virtudes e os seus pecados! Deste modo, o médico pode receitar em perfeita conformidade com o caráter e o quadro mental do doente, escolhendo a dose capaz de efetuar a maior cobertura possível de toda a manifestação mórbida da alma e do corpo do consulente.

O médico homeopata compõe o retrato físico e mental do indivíduo, investigando-lhe o senso personalístico, a elasticidade de suas concepções morais, religiosas ou filosóficas, a capacidade de seu raciocínio e mesmo as suas excentricidades nas relações da vida em comum. Assim, ele individualiza o remédio que melhor corresponde à sinopse mental psicofísica e que possa neutralizar as perturbações em sua fonte original. Modifica, enfim, os próprios sintomas mentais e expurga os resíduos tóxicos que oprimem o perispírito do enfermo devido aos desequilíbrios temperamentais da personalidade humana. É indiscutível que essa pesquisa cuidadosa exige do médico homeopata um profundo conhecimento das próprias leis espirituais que governam a vida humana, a fim de poder aplicá-las dentro do princípio básico da homeopatia. Há mesmo grande semelhança entre o processo homeopático, na busca dos ascendentes psíquicos do doente, e a ação da lei cármica de causa e efeito, que disciplina os processos reencarnatórios e as retificações dos espíritos nos mundos físicos.

Daí o fato de que o maior êxito do homeopata muito depende do tipo de sua convicção espiritual pois, além de sua tarefa de cientista, psicólogo e bom "ledor de almas", há que ser também eficiente filósofo das leis da vida e do espírito sobrevivente.

PERGUNTA: — Como poderíamos apreciar melhor essa profunda relação entre a lei cármica e o tratamento empregado pela homeopatia, a que há pouco vos referistes?

RAMATÍS: — Os mentores do orbe terráqueo, responsáveis pelos destinos humanos, muitas vezes prescrevem a cura reencarnatória por um sistema que poderemos chamar de "homeopatia espiritual", isso acontecendo quando certas criaturas enfermam devido a subverterem a ação benfeitora das leis da vida em atuação nos mundos físicos. O cruel, o déspota que abusa do seu poder sobre os povos humilhados, pode ser comparado a um indivíduo intoxicado por medicamento violento; então a Lei Cármica, atuando sob a mesma lei "dos semelhantes", prescreve para a cura dessa intoxicação espiritual a reencarnação do faltoso em situação humilhante, ligado a velhos adversários encarnados na figura de parentes, desafetos ou chefes tirânicos, que também o atormentam desde o berço até o túmulo, à semelhança de verdadeiras doses miúdas de medicação homeopática. A Lei Espiritual, em lugar de violentar a alma doente de tirania, sujeitando-a a uma terapia de tipo alopático, que pode eliminar drasticamente os efeitos sem extinguir a causa da enfermidade, prefere submetê-lo à dinâmica das doses homeopáticas, situando-o entre os tiranos menores que, então, apuram ou decantam gradativamente o seu estado enfermiço. No primeiro caso, o tirano seria punido "alopaticamente", pelo fato de a tirania ser considerada digna da mais drástica eliminação; no segundo, a Lei do Carma reeduca o tirano, fazendo-o sentir em si mesmo os mesmos efeitos daninhos que semeou alhures. Mas deixa-lhe o raciocínio aberto para empreender a sua retificação psíquica, à semelhança do que faz a homeopatia, que reeduca o organismo sem violentá-lo e o ajuda a renovar-se sob melhor coesão mental e reflexão do próprio doente.

Como Deus não castiga suas criaturas, todas as leis fundamentais da sua Criação só objetivam a renovação e o reajustamento progressivo do "pecador", impelindo-o para a sua mais breve ventura espiritual. Esse tratamento gradativo de recuperação do espírito através das várias reencarnações físicas age, pois, como uma espécie de homeopatia espiritual, em que a Lei ajusta a maquinaria psíquica do homem, sem violentar-lhe a consciência já formada no tempo.

PERGUNTA: — Quais os maiores fatores que, de início, podem dificultar a cura definitiva do doente sob o tratamento homeopático?

RAMATÍS: — A impaciência e a pressa do enfermo em desejar uma cura instantânea, crente de que, removidos os sintomas dolorosos, está removida a causa, produzem estados psíquicos de angústia e desconfiança, que se constituem em cortinas de magnetismo negativo que resistem e perturbam a plenitude do efeito potencializado da homeopatia.

Em geral, as curas pela homeopatia não são espetaculares e tão rápidas como as que se registram com a terapêutica alopática, visto que esta suprime os sintomas dolorosos de modo brusco, embora possam ocorrer futuras recaídas mais perigosas, ou então recrudescerem as enfermidades crônicas e incuráveis, incubadas no organismo. As doses homeopáticas, quando são individualizadas com precisão pelo homeopata, não só solucionam as causas da enfermidade e depois extinguem os sintomas mórbidos que afetam qualquer região orgânica, como também atuam profundamente na intimidade de todo o organismo e resolvem outros estados enfermiços que possam eclodir no futuro.

Os que se tratam pela homeopatia ficam geralmente vacinados contra vários tipos de surtos epidêmicos e contagiosos, assim como não sofrem o perigo da saturação medicamentosa. A homeopatia reeduca o organismo para manter ativa a sua defesa e proporcionar-lhe energias que serão controladas pelo próprio espírito, e que mais prontamente devem atender ao equilíbrio psicofísico. As altas doses higienizam a aura vital e a tornam mais lúcida, pois não só favorecem a circulação desafogada das energias que vitalizam todo este sistema, como ainda estabelecem o ritmo do trabalho harmonioso e coeso dos "chacras" sobre "o duplo etérico", que é o corpo intermediário entre as relações do perispírito e o organismo carnal.

É certo que a purificação do espírito se deve processar de dentro para fora, através da evangelização consciente e de uma vida digna à luz do dia; mas, assim como a absorção de fluidos animais inferiores ofusca ou obscurece o campo áurico do perispírito, este também se aviva e clareia quando a prescrição homeopática é acertada. Por isso, a terapêutica homeopática é a grande auxiliar da terapêutica do próprio espírito.

O tipo do enfermo e o efeito medicamentoso

PERGUNTA: — Que quer dizer "indivíduo eletivo" para o tratamento homeopático, ao qual vos tendes referido por diversas vezes?

RAMATÍS: — O indivíduo eletivo é o que apresenta predisposição para a terapêutica homeopática. Assim como há criaturas com melhores disposições para a música, a pintura ou a escultura, há também as que são sensíveis ao medicamento homeopático, de psiquismo confiante na droga, apesar de aparentemente inócua. Essas criaturas são capazes de poupar as energias e evitar excessos quando estão entregues ao tratamento infinitesimal. Intimamente elegem-se para a absorção do remédio; dinamizam, em si, não a fé inconsciente do pieguismo popular, mas a disposição animadora, cientificamente dinâmica nas vibrações curativas; seguem ao encontro da poderosa emissão energética da alta dinamizarão.

Visto que a homeopatia é terapêutica já no limiar das fronteiras espirituais, todas as condições psíquicas negativas prejudicam a sua incorporação energética, enquanto que a vocação favorável é base do êxito. Apenas nos casos "neutros", da criança, é que a homeopatia age realmente na feição da prescrição pura. O outro tipo eletivo para o tratamento homeopático, tipo esse quase congênito, é o do indivíduo de grande sensibilidade espiritual, acessível aos ideais nobres, delicado, de psiquismo bem formado e afeito ao dinamismo criador. A própria crença nas forças magnéticas e a convicção da sobrevivência da alma são fatores que operam na condição eletiva. Como já vos explicamos, a homeopatia é ciência de mais êxito no futuro, porque exige, também, maior quota de espiritualidade.

PERGUNTA: — Custa-nos entender que a cura pela homeopatia possa ser auxiliada ou dificultada até de conformidade com o caráter do paciente! Podeis esclarecer-nos melhor esse assunto?

RAMATÍS: — Se assim não fora, a medicina homeopática já teria curado todas as enfermidades físicas da humanidade terrena!

O glutão, o impiedoso, o descrente, o libidinoso, o alcoólatra, o colérico, o avarento, não são pacientes eletivos e de sucesso absoluto para a terapêutica suave e generosa da homeopatia, como o são o frugal, o piedoso, o pacífico, o honesto, o casto, o espiritualista, o abstêmio ou o manso de coração. É ainda a lei admirável e exata dos "semelhantes que se curam pelos semelhantes", atuando em perfeita afinidade com certos caracteres, e que determina aos primeiros o tratamento e a cura pela terapia tóxica e dolorosa da alopatia, enquanto que os segundos ficam livres de grandes sofrimentos, porque são psiquicamente eletivos à medicação suave homeopática.

É bem grande a dificuldade dos médicos homeopatas quando precisam transpor o paredão granítico de certas almas embrutecidas, nas quais a terapêutica suave das doses infinitesimais deixa a impressão do esforço que faria o raio de Sol para penetrar no seio do vaso lodoso!

PERGUNTA: — Apesar de vossas explicações, estranhamos que até a disposição de crença ou descrença espiritual, ou então a natureza de certas virtudes ou pecados, possa influir no tratamento homeopático. A sua ação precípua não é a de curar o corpo físico e não a moral do doente?

RAMATÍS: — Uma vez que as doses homeopáticas despertam energias diretamente na intimidade imponderável das forças criadoras, do mundo infinitesimal, obviamente exercem maior ação no indivíduo de maior sensibilidade espiritual e que seja acessível às ideias nobres e aos princípios superiores da vida. O seu corpo magnético é de frequência mais elevada e nobre, sintonizando-se mais facilmente à efervescência das forças e do magnetismo das doses potencializadas, sem enfraquecê-las pela presença de energias inferiores ou então bombardeá-las com os petardos tóxicos da mente desordenada.

É por isso que as criancinhas, por serem menos capciosas e mais espontâneas em suas manifestações infantis, curam-se com mais facilidade pela homeopatia.

Embora para muitos cientistas e acadêmicos pareça ridícula a ideia de que até a crença veemente na imortalidade do espírito chegue a influir no êxito da terapêutica homeopática, é certo que o espiritualista alimenta uma disposição magnética mais positiva na sua contextura espiritual. O homem sinceramente crente de sua sobrevivência espiritual envida melhores esforços para elevar-se às frequências vibratórias psíquicas superiores, e assim contribui para o êxito de uma medicina que tem por função dinamizar as próprias energias do corpo físico.

Quanto mais consciente e convicto estiver o homem de sua sobrevivência espiritual, tanto mais esperançoso e otimista será pelo seu futuro, mantendo um magnetismo receptivo e excelente para avivar-se sob a ação energética das doses infinitesimais. É evidente que o médico homeopata ver-se-á muito mais perplexo para tratar e curar um selvagem embrutecido, do que para ministrar as doses dinamizadas a um místico hindu sereno, frugal e pacífico, que tanto domina suas paixões como se mantém acima de todas as vicissitudes humanas. O primeiro é a criatura emergindo ainda da primitiva animalidade, com o raciocínio bruxuleante e o sentimento rude, inacessível ao energismo delicado das altas doses homeopáticas; o segundo, místico, sereno e compreensivo, é alma profundamente eletiva e receptiva ao catalisador homeopático, que então potencializará as energias sutilíssimas do seu elevado psiquismo.

PERGUNTA: — Achais que o tratamento homeopático atual é mais eficiente do que no tempo de Hahnemann?

RAMATÍS: — Independentemente de qualquer época, a homeopatia sempre conta com os mais avançados recursos terapêuticos de êxito seguro, pois só aplica os princípios e as regras estabelecidas por Hahnemann, as quais são definitivas, sólidas e imutáveis tanto quanto as próprias leis que regem os fenômenos da vida humana. É certo que os enfermos do século XX, além de serem menos eletivos para com as doses infinitesimais da homeopatia, ainda se mostram mais onerosos para o tratamento imponderável energético, pois desde o berço de nascimento saturam-se com os antibióticos, as sulfas, os salicilatos, os barbitúricos e toda classe de medicação violenta que pode deixar resíduos tóxicos. Diante do mais inofensivo resfriado, defluxo ou dor de ouvido do bebê, e que as vovozinhas liquidavam com chás de ervas caseiras ou o azeite doce aquecido, os progenitores modernos os submetem a tremenda ofensiva de hipodérmicas, que então lançam na circulação substâncias minerais ofensivas e antibióticos em excesso para uma tenra organização que mal desperta para a vida terrena.

É por isso que os homeopatas modernos, em muitos casos, antes de prescreverem a medicação fundamental para o enfermo, precisam submetê-lo a um tratamento preventivo e especificamente desintoxicante, drenando tóxicos e resíduos remanescentes da medicação imoderada maciça e tóxica. Em geral, os doentes que buscam o médico homeopata só o fazem depois de "perder a fé" na alopatia, quando já se encontram desorientados, saturados de medicamentos e exaustos da incessante peregrinação pelos consultórios médicos, onde hão recebido tratamento de conformidade com o tipo da clínica especializada. Aqui, diante de um ritmo irregular acusado pelo exame do eletrocardiograma, o médico acusa uma disfunção cardíaca; ali, examinando a colecistografia do mesmo doente, outro facultativo opina por avançada estase biliar ou aderência da vesícula; acolá, depois de submetido a nova série de radiografias, pontifica-se o diagnóstico da úlcera duodenal, com os tradicionais "nichos" da terminologia médica. O paciente, já em desassossego e viciado à procura de uma "doença", olvidando que o seu problema mórbido é um só e origina-se do seu psiquismo perturbado nesta ou na vida anterior, prossegue submetendo-se a novos exames, chapas radiográficas e pesquisas de laboratório. Procede a nova investigação em todo o seu organismo, já minuciosamente esquadrinhado pelo mais eficiente aparelhamento moderno, mas evidentemente sem resultados satisfatórios. Não é difícil que, após essa cruciante peregrinação e submisso a todos os métodos de tortura impostos pelo tratamento moderno, o enfermo ouça de sensato médico a afirmativa: "O senhor nada tem de enfermidade orgânica, pois o seu mal é apenas de origem nervosa"! E prescreve-lhe a necessidade de absoluta despreocupação, bastante repouso e pouco remédio, a fim de evitar maior intoxicação!

Sem dúvida, para esse tipo de enfermo o tratamento homeopático seria excelente, se ele já não se encontrasse grandemente intoxicado pela alopatia e descrente da medicina terrena, que o teria feito desconfiar também das doses infinitesimais. Mas, lamentavelmente, ainda é pequena a porcentagem de indivíduos que se encontram realmente em condições mentais, emotivas e confiantes, para se tratarem pela terapêutica suave e exata da homeopatia.

PERGUNTA: — Poderíeis dar-nos mais algumas explicações sobre essa predisposição mental e emotiva ou de confiança para com a terapêutica homeopática?

RAMATÍS: — No exemplo que vos demos antes, procuramos esclarecer que não havia doença, mas apenas um doente mental e emotivo, buscando a diagnose externa de qualquer enfermidade classificada cientificamente; seu mal residia no todo do indivíduo, atuando-lhe no psiquismo e destrambelhando-lhe os próprios nervos. Atualmente, o medo do câncer incurável afeta de tal modo a mente de certas pessoas que, em alguns casos, perturba-lhes o equilíbrio biomagnético e chega a produzir desarmonias orgânicas e estados enfermos estranhos. Acentua-se essa angustiosa expectativa cancerígena ante o temor comum contra a mais singela batida, verruga, quisto sebáceo ou epíspase inofensiva, em que os mais pessimistas só se tranquilizam quando o médico lhes diagnostica qualquer outra doença diferente e menos atemorizante, embora seja a úlcera gástrica, a colite, a amebíase ou o diabete!

Obviamente, quando esse tipo de enfermo tão pessimista perde a fé na ciência médica alopática, malgrado esta o impressionar com todo o seu aparato técnico e sensível à sua carne, também deposita pouca confiança no facultativo homeopata, que só lhe prescreve as "aguinhas" sem cor e sem gosto... Diante de tanto esgotamento neuropsíquico, saturação medicamentosa e desânimo completo, torna-se bem mais difícil despertar pela homeopatia a dinâmica do corpo torturado e vítima de profunda melancolia. Na verdade, para o homeopata, tal doente representa um sério problema, porquanto já foi injetado, radioativado, saturado de drágeas, vitaminas e minerais diversos! Sem dúvida, há de ter experimentado todo o arsenal de antibióticos, barbituratos, salicilatos, sulfas, substâncias mercuriais e estricninas! Em certos casos, o seu memorial ainda pode ser mais extenso; talvez haja sido psicanalisado por estudioso discípulo de Freud, que lhe ativou as emersões do subconsciente e fixou-lhe os recalques de infância, ou então haja-se submetido, ainda, ao exame de abalizado psiquiatra, que pode tê-lo enquadrado sob a terminologia pitoresca dos tipos esquizotímicos ou ciclotímicos, segundo os estudos dos temperamentos, feitos por Kretschmer.

Mas não resta dúvida de que se trata de um tipo de enfermo sem qualquer disposição eletiva ou de simpatia mental e emotiva para com o tratamento homeopático; e, pelo fato de não poder atestar os efeitos medicamentosos da homeopatia no seu organismo físico, tal como acontecia com os remédios alopáticos, ainda mais crescer-lhe-ão a desconfiança e o desinteresse pelo tratamento infinitesimal. Ele ignora, comumente, que são as energias vitais do próprio organismo que, sob a ação dinâmica da homeopatia, despertam e efetuam a cura definitiva, atendendo à direção sábia do espírito imortal.

PERGUNTA: — Pensamos que tal paciente, já fracassado no tratamento alopático, também não será curado pela homeopatia; não é assim?

RAMATÍS: — A cura dependerá do próprio paciente, conforme o seu zelo, perseverança, paciência e confiança no tratamento prescrito pelo médico homeopata, pois é evidente que não deve considerá-lo um mago ou um ser miraculoso, mas, em verdade, um cientista que opera obedecendo às leis imutáveis do governo espiritual da alma sobre o corpo físico. Em face da imutabilidade dos princípios homeopáticos e do fato de seus medicamentos ainda continuarem com a mesma eficiência já comprovada há mais de um século, a medicina homeopática também poderá curar certos enfermos desenganados pela ciência médica alopata, desde que o homeopata consiga identificar o seu tipo psicofísico exato e, assim, prescrever-lhe o medicamento constitucional. Para provar essa eficiência secular do medicamento homeopata, basta lembrar que os mesmos tipos de doentes que há quase dois séculos Hahnemann curava com *china*, *thuya* ou *natrum muriaticum*, ainda continuam a ser curados presentemente pelos mesmos medicamentos, desde que esses doentes apresentem os mesmos quadros psicofísicos que são individualizados para a prescrição de tais remédios. A mesma dor de cabeça produzida pelo reumatismo blenorrágico e que Hahnemann curava com *Thuya Occidentalis*, quando isso ocorria em indivíduos impacientes, de fala rápida, que se irritavam ou se excitavam com facilidade, os homeopatas modernos continuam a curar atualmente com a mesma *Thuya*, desde que se trate dos mesmos tipos psicofísicos e embora a terminologia médica possa classificá-la modernamente de cefalalgia nervosa, enxaqueca crônica ou com qualquer outra designação patogênica.

O que importa realmente ao homeopata não é o nome ou a terminologia que oriente o diagnóstico das enfermidades, mas sim saber qual seja o tipo enfermo avaliado em seu todo psicossomático. No exemplo acima, o homeopata leva em conta que, além da dor de cabeça oriunda de reumatismo gonocócico, o enfermo apresenta a característica psicológica de ser facilmente excitável ou irritável, impaciente e nervoso por qualquer bagatela e, à vista desse quadro psicofísico, prescreve então a *Thuya Occidentalis*. Além de levar em conta o aspecto enfermo orgânico do indivíduo, a sabedoria homeopática fundamenta a prescrição de cada remédio sob o mesmo pano de fundo mental, psíquico e emotivo do enfermo, isto em qualquer época, e por isso sempre permanece estável a sua farmacologia tradicional. A técnica homeopática, que é um processo definitivo e cientificamente comprovado pela experiência, não muda em sua norma já consagrada no tempo porquanto, como já vo-lo dissemos, mudam as doenças mas não os doentes!

PERGUNTA: — Gostaríamos de compreender melhor por que motivo certos enfermos modernos podem dificultar o diagnóstico e a escolha do medicamento homeopático eletivo ao seu tipo psicofísico, só porque estão saturados de remédios maciços alopáticos, ou então porque já se submeteram a longo tratamento médico antagônico à homeopatia. Não basta ao médico homeopata conhecer a constituição temperamental ou a característica fundamental do doente, para o êxito da sua prescrição?

RAMATÍS: — Em nossas considerações, já temos aludido às alterações secundárias que podem ocorrer no doente quando, por força das circunstâncias, modifica-se o seu temperamento costumeiro, ou quando, devido a qualquer perturbação emotiva mais demorada, haja algum transtorno no seu padrão mental congênito, dificultando ao homeopata o reconhecimento exato do seu verdadeiro tipo psíquico. Já vos dissemos que existem certas drogas entorpecentes ou produtos tóxicos, alguns usados na farmacologia alopática, que podem influir na mente do indivíduo e estabelecer nele condições desarmônicas, tais como o álcool, o ópio, a morfina, a quina ou a beladona, os quais, em excesso, provocam até perturbações visíveis e orgânicas. Há enfermos, pois, que, em virtude de certa saturação medicamentosa, contradizem-se em sua real individualidade e diferem na sua psicologia fundamental ou no seu tipo original psicofísico. Alguns traem certo artificialismo mórbido, como se um novo temperamento secundário se sobrepusesse à sua real identidade. O doente que peregrina muito tempo pelos consultórios médicos, sem lograr a cura tão desejada, submete-se continuamente a toda espécie de exames radiográficos, soros, tubagens, radioterapias, operações, anestesias, curativos, cautérios, injeções, etc. Termina tornando-se uma criatura violentada no seu temperamento normal, excessivamente irritada ou melancólica! Vivendo sob afirmativas esperançosas e desenganos incessantes, perspectivas animadoras quando lhe descobrem a "doença" ou angústias desalentadoras pelo fracasso, perplexidade ou vacilações médicas, cada vez mais se fortalece a mórbida convicção do seu caso incurável! Então o seu temperamento fundamental sofre alterações, dominado por incontrolável pessimismo; o doente procura novos facultativos e mais vezes variam os seus tons emotivos, as suas esperanças e desenganos; submete-se a outros diferentes métodos psicológicos de indagação médica; recebe novo trato terapêutico e coleciona novas opiniões e pontos de vista particulares. Alguns médicos são extremamente severos ou rudes, com o fito de impressionar ou dominar o seu paciente, enquanto outros são dóceis e afáveis. Há os médicos otimistas, que encorajam o enfermo e há os pessimistas, que optam pela fria realidade e se despreocupam de velar o diagnóstico.

Quando o caso se torna difícil de resolver e o orçamento do doente se agrava, ele se torna cada vez mais descrente do poder das drogas miraculosas da farmacologia moderna; indeciso quanto a optar por esta ou por aquela prescrição, afligindo-se entre a sugestão de operar-se ou de confiar exclusivamente no seu clínico, pouco a pouco ele se torna um recalcado, um pessimista, um hipocondríaco, muitas vezes desconfiado e descrente até dos propósitos sábios e educadores da vida humana! Amargurado pelo seu melodrama interior, pela sua "doença" considerada sob os mais variados requintes profissionais e terminologia médica, sente recrudescer-lhe ainda mais o estado enfermo, enquanto se destrambelham os seus nervos e intoxica-se cada vez mais a mente aflita! O desânimo, a melancolia e a descrença na ciência humana levam esse paciente à extrema neurastenia, podendo até perturbá-lo nos seus julgamentos e torná-lo sempre de má vontade para com tudo e com todos.

Só a lembrança dos seus padecimentos e a inutilidade dos diagnósticos sentenciosos sobre o seu mal bastam para produzir-lhe perturbações mentais ou modificações emotivas no seu temperamento comum. É um estado mórbido que o leva à profunda depressão moral e que em alguns casos impõe-lhe até a descrença espiritual e um estado de revolta fria contra qualquer sugestão superior. O verdadeiro temperamento fundamental e congênito desse enfermo, que é torturado e modificado por força do clima angustioso que vive no silêncio de sua alma, é que então o médico homeopata terá que identificar e exumar de sob a crosta do pessimismo, da melancolia e da revolta, que são as manifestações acidentais provenientes do fracasso médico anterior. Daí, pois, a necessidade de a terapêutica homeopática moderna precisar abrir caminho e desintoxicar certos enfermos, para auscultar-lhes a realidade temperamental e psíquica exata, a fim de poder prescrever com êxito as altas doses constitucionais.

PERGUNTA: — Certa vez dissestes que, para a maioria dos homens modernos, é mais difícil o êxito imediato pelo tratamento homeopático. Podeis esclarecer-nos melhor esse assunto?

RAMATÍS: — Antigamente, o paciente que se submetia a exame médico homeopata era menos complexo no seu todo psicofísico e, por isso, podia-se predizer com facilidade a natureza do seu morbo e anotar as causas exatas e perturbadoras do seu psiquismo. Mas, em face de a vida moderna ser tão contraditória, eivada de tantos costumes perturbadores, vícios elegantes e conflitos emotivos, que se iniciam na infância e acompanham o homem até a cova do cemitério, cria-se nele uma segunda natureza humana e mais artificializada, que se impõe à característica psíquica do ser. Ela sobrepõe-se à verdadeira individualidade fundamental do enfermo; em verdade, obscurece o seu verdadeiro retrato psicofísico, o que induz a vacilações o homeopata, para preceituar a dose eletiva e fundamental.

O homem civilizado do século XX ainda é um indivíduo habituado a uma nutrição defeituosa; que abusa imprudentemente da vitaminoterapia e dos antibióticos a granel; vive intoxicado pela radioatividade exalada das experimentações atômicas, subvertido pelos venenos corrosivos e viciosos do alcoolismo, do fumo e dos entorpecentes, atormentado pelo bulício citadino, vítima constante dos tóxicos medicamentosos, curtido pela violência das hipodérmicas e entrincheirado atrás dos barbituratos, a fim de poder manter o controle nervoso e conseguir o repouso noturno. Periclita cada vez mais o seu equilíbrio nervoso, que é acicatado continuamente pelas emoções desordenadas, e aumenta assim o número de neuróticos; cresce a cupidez de lucros exagerados; pensa-se na angústia da guerra atômica, no alto custo da vida, dessa vida que se agrava pelo excesso de ruídos, luz, radiofonia, fumaça de óleo e gasolina, emanações químicas industriais, coisas estas com que outrora não se defrontava o ser humano!

Ante esse bombardeio incessante, o psiquismo fica indefeso, descontrolado e mórbido, agravado ainda pela fadiga orgânica, intoxicações alimentares e medicamentosas, constipações crônicas, alterações barométricas e térmicas consequentes das adaptações imprevistas do homem ao transporte veloz moderno. Então perturbam-se as coletividades microbianas, que são responsáveis pela sustentação física, chegando mesmo a ocorrer certa desintegração mórbida do protoplasma. É certo que a decomposição microrgânica também é necessária, a fim de se produzir o elemento nutritivo aos próprios vírus e miasmas psíquicos desconhecidos e ocultos, mas que "baixam" ou se "materializam" do mundo astral para atender à progênie das bactérias e dos vermes necessários como organismos simbióticos e úteis à desintegração dos resíduos da alimentação nos intestinos. Mas esse acontecimento biológico deve ser realizado através de ciclos disciplinados e não por força de um psiquismo perturbado, como ocorre em geral entre os terrícolas. Mesmo sabendo-se que os microrganismos são produtos orgânicos que resultam da morte das células ou até da desordem das funções orgânicas, poder-se-ia dizer que, na intimidade oculta do corpo humano, processam-se fenômenos muito parecidos com os quadros das estações do ano, quando caem as folhas no outono, descansa a natureza no inverno ou então prolifera a vegetação na primavera. E a excessiva desorganização mental moderna e o estado de irritação constante da humanidade atuam então prejudicialmente sobre o homem, assim como acontece nos dias tempestuosos, quando a atmosfera sobrecarregada de eletricidade pesa e perturba toda a natureza.

PERGUNTA: — Tendes aludido a certas situações emotivas e mentais que podem ser modificadas durante o uso da homeopatia. Isso não poderá induzir-nos a crer numa terapêutica especial, capaz de modificar mecanicamente até a conduta do indivíduo? Sob tal aspecto, não desapareceriam a responsabilidade e o mérito espiritual do homem em conhecer-se a si mesmo, ou então orientar conscientemente a sua própria evolução?

RAMATÍS: — Porventura o ciclo das reencarnações não é uma terapêutica divina, que obriga o espírito a se retificar e a progredir compulsoriamente, situando-o nos ambientes hostis ou entre a parentela terrena adversária, para fazê-lo purgar suas enfermidades espirituais? Quantas vezes o homem é cercado pela deformidade física, por uma moléstia congênita ou uma paralisia orgânica ou, ainda, sujeito às vicissitudes econômicas e morais, obrigado a enquadrar-se nos ditames do Bem! Mas nem por isso o espírito perde o mérito de sua retificação espiritual pois, diante da escola implacável da vida física, é ainda a sua consciência que realmente decide quanto a aproveitar ou desprezar a inexorável terapêutica cármica, aplicada compulsoriamente pela Lei Justa do Pai!

As doses infinitesimais, pelo processo homeopático, realmente podem modificar certos sintomas mentais do paciente, pois elas descarregam e fazem volatizar os resíduos psíquicos que podem estar acumulados há longo tempo, quer intoxicando o perispírito, quer descontrolando as emoções ou afetando a direção normal do espírito. É de senso comum que certas drogas tóxicas e certos tipos de entorpecentes, tais como o ópio, a morfina, o *aurum metalicum*, mescalina, o ácido lisérgico, o gás hilariante, a beladona ou a cocaína, também podem influir na mente de modo pernicioso, pois provocam distorções mentais, delírios alucinatórios, estados esquizofrênicos ou melancolias no psiquismo do homem sadio. Conforme a lei homeopática de que "os semelhantes curam os semelhantes", essas mesmas substâncias e tóxicos que, em doses alopáticas ou maciças, provocam estados mórbidos nos seus pacientes ou viciados, depois de inteligentemente dinamizadas e ministradas em doses infinitesimais, podem efetuar curas em casos cujos sintomas mentais se assemelhem.

Acresce, também, que os estados frequentes de raiva, melancolia, cólera, tristeza, exaltação íntima, injúria ou ciúmes produzem vários tipos de miasmas, vírus psíquicos, toxinas e resíduos mentais, que sobrecarregam o psiquismo e lançam o espírito num círculo vicioso, algemando-o, indefeso, à mente revolta e à emotividade mórbida, malgrado queira modificar o seu padrão psíquico doentio.

A função homeopática, pois, é a de ministrar a dose catalisadora extraída da mesma substância capaz de provocar estados mórbidos semelhantes no homem são. O impacto energético da dose infinitesimal liberta então o psiquismo doentio da carga que ali se condensou por esses vírus tóxicos, resíduos ou miasmas, que impregnam a aura mental e também influem na região astralina dos sentimentos.

É certo que, mais tarde, o mesmo paciente pode novamente encolerizar-se, odiar ou enciumar-se, porquanto, se a homeopatia pode aliviá-lo da carga mórbida que lhe pesa no psiquismo, não tem por função violentar-lhe o "livre arbítrio" ou efetuar modificações definitivas no seu caráter espiritual, coisa que só pode ser concretizada pela sublime evangelização recomendada por Jesus, o Médico Divino! As doses infinitesimais podem atuar na mente e proporcionar a cura emotiva, mas isso não acontece porque elas hajam alterado mecanicamente o temperamento ou o caráter do paciente, e sim devido ao fato de reduzirem o morbo acumulado e resultante das contradições psíquicas. Elas produzem certas modificações temperamentais e fazem cessar algumas tendências e impulsos mórbidos que estejam excitados sob a presença excessiva do resíduo psíquico tóxico, mas não possuem a força suficiente para impor definitivamente os princípios morais superiores. A criatura descontrolada poderá, com o tempo, enfermar novamente no seu psiquismo, mesmo depois de aliviada pela homeopatia, desde que venha a cometer os mesmos desatinos espirituais costumeiros.

A homeopatia consegue atuar na intimidade do ser e também auxiliá-lo a manter um controle psíquico mais desafogado durante a fase do seu tratamento, porque ela distribui harmoniosamente a energia potencializada no seio do vitalismo orgânico, ajudando o espírito a proceder às modificações mais urgentes e salutares no seu corpo físico. Obviamente, é o psiquismo que modifica o quimismo orgânico, e por esse motivo — conforme a sua melhor disposição emotiva e energética — dele depende o auxílio necessário ao corpo carnal e ao seu equilíbrio fisiológico. O impacto energético que se produz no campo mental e psíquico do paciente, com a penetração da energia extraída da substância material potencializada, também eleva a frequência vibratória emotiva do espírito enfermo, proporcionando-lhe condições mais otimistas e estimulantes às suas reações favoráveis. Sem dúvida, melhorando o estado mórbido, também se lhe reduz o pessimismo ou a melancolia.

De tudo o que ficou acima exposto, verificareis por que motivo existem indivíduos eletivos para o tratamento homeopático, ao passo que outros não encontram êxito imediato através desse tratamento.

A homeopatia e a alopatia

PERGUNTA: — Como considerais a homeopatia em relação à alopatia?

RAMATÍS: — Preliminarmente, há que considerar que a homeopatia difere da alopatia, porque está fundamentada na regra de que "os semelhantes curam os semelhantes", o que se traduz praticamente na seguinte afirmação: — Toda substância pode curar os mesmos transtornos que é capaz de produzir; as doses pequenas de uma substância, ou os pequenos estímulos, produzem efeitos contrários aos que são produzidos por esses mesmos agentes, quando aplicados em quantidades maiores ou em doses maciças.

A medicina alopata, entretanto, cujos benefícios, trazidos ao mundo terreno, a tornam digna dos maiores louvores, e que já conseguiu corrigir o empirismo bárbaro da terapêutica dos tempos medievais, baseia-se em princípios opostos aos da homeopatia, pois ainda se firma no famoso aforismo de Cláudio Galeno, que dizia: — "Para curar é preciso buscar os elementos que sejam contrários aos que causam a enfermidade".

A principal preocupação do médico alopata é, por isso, a de diagnosticar a "doença", a fim de fazer desaparecer os seus sintomas mórbidos, ao passo que a do homeopata é a de descobrir a origem da doença. Acresce que, além de assim proceder, aliás de acordo com a escola que adotou, o médico alopata é forçado a se orientar, no tratamento do enfermo, pela última descoberta científica farmacêutica, ministrando, quase sempre, o medicamento consagrado na época. Assim, ele se vê obrigado a mudar constantemente os seus métodos e teorias já aceitos anteriormente.

Devido ao efeito de medicamentos tóxicos, drogas entorpecentes e injeções de efeito violento e rápido nos sintomas de certas enfermidades, produziu-se uma série de êxitos imediatos, atestados pela remoção dos sofrimentos, o que deu forças para a alopatia se tornar a Medicina oficial em vosso mundo. A homeopatia não logrou pronta oficialização devido à demora em fazer desaparecer certos sintomas dolorosos, e às vezes até agravá-los, não só por se preocupar em saber o que produz a enfermidade, como por ser indiferente às doenças e mais interessada em diagnosticar os "doentes".

PERGUNTA: — Mas então considerais que a homeopatia é medicina superior à alopatia?

RAMATÍS: — Não nos preocupamos em destacar a superioridade desta ou daquela terapêutica terrena, pois sempre representam abençoado esforço para atender às necessidades do espírito encarnado, conforme o seu progresso científico, entendimento moral e merecimento espiritual. Para nós, desencarnados, que bem sabemos que a cura definitiva do espírito só será alcançada sob a terapêutica sublime e certa dos princípios vividos por Jesus, interessa-nos destacar particularmente os métodos que permitem operar mais profundamente no psiquismo, onde em verdade se encontra a sede real de toda enfermidade. É por isso que, sem menosprezar a validez alopática e a sua justa necessidade em vários casos de enfermidade, somos inclinados a destacar o valor da homeopatia, quer quanto à sua ação no todo psicofísico do ser, quer por intervir com mais eficiência na sua esfera mental e emotiva, impondo-se, pouco a pouco, como um dos métodos mais lógicos e sensatos para a manutenção da saúde.

O médico homeopata experimentado não se aflige em suprimir de imediato os sintomas enfermiços e atestáveis à sua capacidade objetiva, enquanto que a verdadeira causa poderá continuar latente e gerando o quadro doentio. Ele sabe que ali interferem fatores psíquicos, mentais e emotivos, que provocam choques emocionais, geram o desequilíbrio orgânico e então conduzem ao estado enfermiço, cuja remoção só é possível após o tratamento profundo da causa mórbida.

Muitas vezes a enfermidade aguda, reprimida violentamente, apenas se substitui por outra doença que, em breve, recrudesce na forma de qualquer moléstia crônica incurável. Não vos parece algo impressionante que, à medida que a medicina elimina grande quantidade de doenças e avulta a terapêutica indiscriminada dos antibióticos, o aparecimento do câncer recrudesça e assuma novas formas mórbidas, que vão substituindo outras tantas moléstias agrupadas modernamente sob a etiologia cancerígena? É que as doenças antigas estão recebendo nova rotulagem clássica, da patologia médica moderna. O espírito arguto percebe que, em verdade, substituem-se moléstias, mas o organismo da humanidade continua do mesmo modo enfermo! Daí certa confusão na medicina alopática que, regida especificamente pelo princípio dos "contrários", preocupa-se em particularizar os resultados finais da enfermidade, quando esta já se exaure à luz dos sentidos físicos em sua manifestação sintomatológica e atestável pelo médico. Interessa-lhe profundamente verificar o funcionamento dos órgãos, tecidos e sistemas físicos do corpo humano; observar a enfermidade mais como uma entidade que se faz identificar sob o exame material, deixando-se auscultar e conferir minuciosamente sob a avançada instrumentação da ciência médica moderna.

O método alopático, em geral, tende a desprezar as leis espirituais que coordenam a vida "mento-psíquica" do enfermo, assim como ignora as sutilezas do veículo etéreo-astral, o conhecido perispírito dos espíritas, que preexiste e sobrevive a todas as mortes do corpo de carne ocorridas em várias reencarnações anteriores. O alopata tenta curar os doentes enfrentando a enfermidade pelos seus sintomas e exames objetivos, assim como se um engenheiro tentasse dominar vasta inundação opondo-lhe obstáculos sucessivos, em lugar de corrigir o desvio d'água desde a sua fonte original. Modernamente, ele procura atingir o corpo físico e o reduto das coletividades microbianas alteradas com o bombardeio em massa dos antibióticos, mas ignorando os princípios espirituais ou as leis psíquicas que, contrariadas, geram o conflito e produzem a manifestação patogênica. No entanto, a homeopatia, cujo método de auscultação é do interior para o exterior, ou do centro para fora, procura seguir toda a trajetória do "morbo" desde o mundo sutil do espírito até à sua manifestação grosseira na carne. O seu papel é o de identificar a causa real e oculta do estado enfermiço e assim poder controlar a manifestação dos seus efeitos daninhos. Em vez de diagnosticar baseando-se nas ramificações mórbidas, que se espraiam a esmo pelos órgãos e sistemas do corpo humano, a homeopatia prefere estudar o fenômeno desde a sua origem imponderável e na sua vertente espiritual, anotando-o desde as primeiras desarmonias da frequência vibratória da mente e do psiquismo milenário e imortal do homem.

PERGUNTA: — Então, por que motivo a medicina alopática tanto vem subestimando, desde o século passado, os esforços terapêuticos dos homeopatas, ironizando a medicina das "aguinhas" e às vezes até acoimando-os de charlatões? Porventura desconhecem os alopatas que a homeopatia também possui as suas regras científicas respeitáveis?

RAMATÍS: — Isso é fenômeno que se repete em todas as épocas, quando de novas descobertas e concepções humanas que ainda fujam à ética conhecida do senso comum. E no caso da homeopatia, a crítica ainda é menos compreensível, porque é medicina que escapa à aferição objetiva dos cinco sentidos físicos. Assim como a convicção da sobrevivência do espírito depende muito do grau de sensibilidade intuitiva da criatura, e não tanto do seu senso intelectivo, a homeopatia, que é medicina baseada principalmente na dinâmica psíquica da alma e atuante profundamente no campo perispiritual e vital radioativo do homem, também exige certa disposição eletiva e liberta da sistematização costumeira dos cientistas ortodoxos. É doutrina de maior penetração no mundo astral "do lado de cá", onde as forças livres operam no seu campo original e no seu potencial mais vigoroso.

São poucos ainda os médicos alopatas interessados em se familiarizar com a realidade do mundo psíquico e que, acima da terapêutica acadêmica, se dispõem a auscultar a intimidade espiritual do doente, cônscios de que no seu mundo oculto e imponderável é que se encontra a verdadeira origem da enfermidade! Muitos deles, demasiadamente presos à instrumentação material cada vez mais complicada e também sujeita às deficiências comuns da fabricação humana, escravizam-se completamente a um círculo de raciocínios e experimentações que, embora dignos e consagrados por outros técnicos e facultativos, não se pode comprovar que sejam realmente os mais exatos e absolutamente afins com as leis do psiquismo humano. Assim como certas criaturas de mentalidade primitiva desconfiam da cogitação filosófica, considerando que tal especulação é mais própria do louco ou do tolo, também alguns médicos de cultura acadêmica ortodoxa desconfiam da homeopatia porque, na verdade, ela também é uma filosofia! Se a filosofia é ciência que procura relacionar o princípio e a causa do ser, especulando altamente no reino do espírito para depois refletir com acerto sobre os fenômenos do mundo humano, obviamente a homeopatia é também uma ciência filosófica, porque a sua terapia se relaciona profundamente com as próprias leis que governam e relacionam o princípio e a causa do Universo!

Reconhecemos a cultura, o talento e a abnegação da maioria dos médicos alopatas, muitos dos quais se hão sacrificado no trato e na cura das enfermidades humanas, mas não podemos deixar de considerá-los bastante levianos quando emitem pareceres zombeteiros sobre a ciência homeopática, cujos princípios fundamentais derivam das leis espirituais que governam as manifestações do espírito imortal sobre a matéria. Qualquer alopata que pretenda julgar desairosamente a homeopatia só o poderá fazer depois de se devotar honesta e criteriosamente ao estudo de suas leis e experimentações terapêuticas, tanto quanto já se tenha devotado à alopatia. Entretanto — assim o cremos — aquele que o fizer há de também se convencer da sabedoria e da exatidão científica de todos os princípios homeopáticos, baseados nas próprias leis que governam o espírito sediado no corpo carnal! E, tal como já tem acontecido muitas vezes, esse antigo detrator da homeopatia há de se transformar em um dos seus mais entusiastas cultores!

PERGUNTA: — Porventura, os médicos homeopatas não enfrentam também os seus percalços e não têm seus momentos de indecisões quando certos medicamentos ou processos homeopáticos ainda não tenham ultrapassado a fase de sua experimentação empírica?

RAMATÍS: — É fácil comprovardes que até agora não caiu fora de moda nenhum dos medicamentos preceituados pelos velhos homeopatas, enquanto que a medicina alopática vive sempre em desesperada luta e dificuldade a fim de prescrever a cada moléstia o medicamento apropriado, precisando ainda escolhê-lo entre os milhares de produtos farmacêuticos que surgem diariamente, como se fossem cogumelos a brotar em dias chuvosos! Enquanto os homeopatas continuam com a mesma reserva medicamentosa secular, na esfera da alopatia processa-se atribulada competição comercial entre os laboratórios e institutos farmacológicos, nos quais se movimentam artistas, psicólogos, historiadores, médicos e cientistas, a fim de produzirem milhares de "mementos" e vasta propaganda sugestiva, com o fito de incentivar a versatilidade da moda terapêutica. Enquanto eles prescrevem produtos científicos miraculosos que "devem" ser usados no momento, fatigam-se ainda, apressadamente, para lograr outra descoberta farmacêutica que possa, com êxito comercial, superar os demais competidores! Assim como se guerreiam os modistas europeus para impor às mulheres do mundo as suas últimas criações originais, também lutam os industriais e químicos-farmacêuticos, a fim de exporem as suas novas linhas de produção, onde velhas enfermidades milenárias são rotuladas, às pressas, com sugestivas denominações técnicas modernas, e que devem ser curadas miraculosamente pela última descoberta médica!

No entanto, nenhum medicamento elaborado pela antiga técnica homeopática jamais caiu em desuso, pois aqueles que Hahnemann e seus seguidores hão descoberto ainda permanecem em atividade e fundamentam o precioso tratamento homeopático. A china, por exemplo, que é de grande valor histórico para os homeopatas, porquanto foi através da experimentação de sua substância que Hahnemann consolidou a lei de que "os semelhantes curam os semelhantes", ainda é usada com o mesmo êxito pelos homeopatas modernos, ao mesmo tempo que se amplia cada vez mais a área psicofísica de sua aplicação terapêutica. No método de cura homeopática, poder-se-ia dizer que os seus medicamentos não caem no ostracismo médico! E de acordo com o que Hahnemann afirmou em seu Organon, isto é, que não existem doenças mas doentes, cada um dos produtos homeopáticos pode servir com eficiência a qualquer momento, porquanto sempre existe o doente eletivo para a sua aplicação dinâmica.

Enquanto isso, centenas de medicamentos e práticas da esfera alopática já estão em desuso ou, então, retornam, em parte, sob nova apresentação ou dosagem moderna, o que nos leva a crer que ainda torne a imperar a moda das antigas sangrias e voltem os vesicatórios, as moxas, as ventosas, os sedenhos, as fontanelas, os exutórios ou a medicina do cautério com ferro em brasa, fazendo o doente curtir, por vezes, sofrimentos bem piores do que os da moléstia diagnosticada pelo médico. Se fôssemos relacionar a copiosa quantidade das célebres teriagas, dos remédios famosos e das substâncias injetáveis, que surgiram até agora como descobertas tipo "cura tudo", e que depois foram lançadas ao ostracismo terapêutico, sem dúvida alguma seriam precisas algumas resmas de papel para enumerá-las com toda a fidelidade. Em geral, é a própria ciência médica oficial que, depois de tecer louvores incondicionais a determinadas drogas, termina lançando o brado de alerta ante os perigos terapêuticos de sua toxicose ou das possíveis alterações que poderão provocar mais tarde na economia nutritiva do organismo humano. Entre alguns dos casos mais comuns, apontamos a *digitalis*, a sulfa, o bismuto, o arsênico, a tuberculina, o *aurum metalicum*. Atualmente, a prescrição dos próprios antibióticos tem sofrido toda uma série de advertências, e por isso são combinados com outras substâncias preventivas que devam minorar-lhes os efeitos tóxicos e provocar as defesas orgânicas contra as prováveis consequências alérgicas ou efeitos secundários daqueles medicamentos. As sanguessugas, as sangrias, os cautérios, as moxas e as aplicações cáusticas foram substituídas pelas injeções, pelos soros, banhos de luz, vacinas, diatermia, choques elétricos, insulinas e malarioterápicos! Avulta agora o emprego dos entorpecentes e dos analgésicos, parecendo que os produtos da indústria químico-farmacêutica estão a desafiar a lógica da própria ciência médica! Fatigados de quimioterapia, os fabricantes de drogas farmacêuticas voltam-se novamente para a fitoterapia, no saudosismo da cura pelos vegetais; alguns cientistas modernos, e menos confiantes, preferem antes a mistura compensadora do extrato vegetal com o produto químico moderno!

Sem dúvida, há bastante razão no aforismo de certo médico famoso e desolado, do vosso país que, num momento de desabafo, queixou-se: — "Que fazer agora? Matar pelo modo antigo, que se fazia pelo esgotamento da sangria ou da moxa? Ou então matar pelo sistema moderno, intoxicando o doente?" Não vemos razões, portanto, para que, sob essa situação também desairosa, os alopatas zombem dos homeopatas, pois estes ainda lhes levam considerável vantagem, porquanto não violentam o organismo do enfermo com intervenções perigosas, nem perturbam o seu equilíbrio no comando do cosmo psíquico. Sem dúvida, a verdadeira ciência de curar ainda é a profilaxia evangélica preconizada pelo Cristo, o Divino Médico, como a principal garantia da saúde e da integridade mental e moral do homem! E o amor, a bondade e a pureza de espírito ainda são os medicamentos mais sublimes dessa terapêutica crística, e que ainda estão em perfeita relação com as leis espirituais que governam o Universo. Há no "Sermão da Montanha", do inolvidável Jesus, maior sucesso profilático e curativo do ser humano, do que em todas as drogas farmacêuticas e processos médicos existentes até hoje no orbe terráqueo!

Malgrado a opinião de muitos médicos alopatas que ainda guardam prevenções contra a homeopatia, jamais poderá ela ser destronada da magnitude de ainda ser a terapia mais sensata para o homem. O verdadeiro homeopata, além de um cientista hábil, também deve ser inteligente filósofo, a fim de poder relacionar a terapêutica do mundo infinitesimal com os princípios imortais da alma!

A homeopatia, a fé a sugestão

PERGUNTA: — Alguns adeptos da homeopatia afirmam que a cura homeopática é uma realidade, mas que só se processa naqueles que têm fé no remédio. Que nos dizeis a esse respeito?

RAMATÍS: — A fé, que essas pessoas acreditam ser tão necessária para o êxito do tratamento homeopático, não implica propriamente em uma crença ou um estado místico religioso, que o paciente deva assumir obrigatoriamente, a fim de só então lograr o êxito na cura. A fé, nesse caso, é tão-somente a confiança, ou o otimismo do enfermo que, despertando a sua natureza receptiva e positivamente dinâmica, predispõe o seu campo mental e astral-etérico a maior eletividade para a absorção da energia dinamizada pela dose homeopática.

O povo acredita que é necessário ter fé para curar-se pela homeopatia, porque em sua intuição pressente que é medicina de ação energética e não medicamentosa e que, por atuar no psiquismo humano, as doses então devem ser tomadas com "confiança", malgrado sua aparência seja apenas a de água destilada. Demais, é preciso que o enfermo tenha paciência, pois não é tratamento violento, de efeitos rápidos e visíveis de imediato.

Como as doses homeopáticas não produzem reações violentas e atormentadoras inerentes a certos remédios alopáticos, muitos enfermos acreditam que elas sejam inócuas ou que, para tomá-las, seja precisa a tradicional "fé", como fator principal da cura. Ignoram, também, que a ação fundamental do remédio homeopático se faz propriamente por seu efeito energético e radioativo, muito semelhante à ação do fermento ou de um catalisador que, só pela sua presença, provoca reações noutros corpos. Ele vale mais pela sua dinâmica e energismo libertado da substância medicamentosa, do que mesmo por qualquer propriedade tóxica ou de química violenta, que obrigue os órgãos de defesa a reações inesperadas, tal como acontece com os remédios maciços, que fazem os pacientes se convencerem de uma cura mais positiva e eficiente.

PERGUNTA: — Outra classe de opositores da homeopatia alega que a cura homeopática se efetua mais pela força da sugestão do que pelo sucesso medicamentoso. Que o paciente produz um campo de forças positivas no seu psiquismo, e a cura se produz independentemente da ação das "aguinhas" dinamizadas...

RAMATÍS: — A afirmação é bastante ingênua, pois os homeopatas têm curado incontável número de lactentes, não sendo de crer que os recém-nascidos se deixem sugestionar, produzindo assim o efeito psíquico favorável para o êxito terapêutico da homeopatia! Outrossim, a verdade é que as crianças se curam com mais facilidade e rapidez pelas doses infinitesimais, e isso justamente porque não oferecem qualquer resistência ou prevenção mental ao seu método de cura, nem ao menos sabendo o que seja a homeopatia. Elas preferem-na sobre a alopatia, porque não sofrem durante o seu tratamento, como no caso das injeções, aplicações corrosivas ou remédios repulsivos e amargosos. E os adultos mais eletivos às doses homeopáticas são justamente aqueles que se habituaram a elas desde a infância, salvando-se da violência alopática, pois geralmente conservam em bom estado de defesa as funções do estômago, do fígado, dos intestinos e dos rins, porque estão isentos dos efeitos perniciosos da medicação tóxica e injetável, que atualmente é muito comum ante o mais débil surto de resfriado! Essas criaturas condicionadas desde a infância à terapêutica homeopática reagem rapidamente sob a ação das doses infinitesimais, assim como uma maquinaria delicada também se move com facilidade sob a lubrificação mais suave e fluida.

Os pacientes muitíssimo habituados ao tratamento pela homeopatia também se tornam bastante alérgicos às prescrições de medicamentos alopáticos, para com os quais não só demonstram ostensiva desconfiança, como ainda os temem como tóxicos perigosos. O seu psiquismo, predisposto e condicionado à receptividade energética das substâncias dinamizadas, reage a estas com muita facilidade, propiciando o clima para que a energia livre supere a energia condensada da matéria.

Mas um dos mais poderosos desmentidos a essa leviana alegação, de que a homeopatia só cura pela autossugestão do paciente, é o fato de que os veterinários homeopatas têm efetuado muitas curas excepcionais em gatos, cães, cavalos ou bovinos, animais estes que — assim o cremos — não parecem acessíveis à sugestão, nem devem encontrar-se mentalmente capacitados para formar juízo sobre questões terapêuticas.

PERGUNTA: — Mas não é admissível que determinados pacientes se possam curar mais pela sugestão do que pelas doses, embora admiradores da homeopatia?

RAMATÍS: — Os fenômenos de Lourdes, as curas produzidas pelos santos e profetas, os brados de muitos curandeiros que hão levantado paralíticos, curado cegos e deformados, bem vos provam a realidade da cura pela sugestão, sem que por isso se deva atribuir qualquer ineficiência à homeopatia. Alguns seres possuídos de muita fé conseguem gerar em si mesmos um potencial energético tão intenso que, diante do objeto de sua vigorosa confiança, fazem eclodir na sua intimidade espiritual o conteúdo de força que foi armazenada à custa de sucessivas ansiedades fervorosas e de esperanças futuras!

É óbvio que toda energia assim potencializada e que, na fração de um segundo, pode ser libertada pelo impacto positivo da mente confiante na cura, termina acionando todo o campo orgânico do ser, atuando poderosamente na intimidade eletrônica das células físicas, corrigindo-as sob esse comando mental ativo e sem vacilações negativas. Da mesma forma, o pensamento incessante e tenso, com que certas criaturas podem alimentar a ideia mórbida de que são portadoras de uma úlcera gástrica, ou de que sofrem do coração, também pode produzir-lhes um campo psíquico negativo e favorável para a eclosão real da enfermidade. Isso pode acontecer, porque a opressão mental sobre o plexo abdominal perturba o metabolismo dos sucos gástricos e desarmoniza a vertência biliar, podendo plasmar a configuração astral da tão temida enfermidade, cujo molde físico se positiva, pouco a pouco, pela sobrecarga nervosa e a constrição demorada das mucosas. Entretanto, a mente equilibrada, só habituada a pensamentos construtivos e renovadores, é contínuo foco de atração de energias que são capazes de operar as mais vigorosas modificações plásticas no organismo carnal.

É de senso comum que a simples lembrança de um prato saboroso faz funcionar as glândulas salivares, acelera a produção de sucos gástricos, fermentos pancreáticos e faz vibrar a vesícula, que se põe alerta para verter a bílis no trato intestinal. Assim acontece com o enfermo diante da imagem do santo miraculoso ou na presença do curandeiro famoso, no qual deposita toda a sua fé e convicção, dinamizando a força mental que o coloca em condições satisfatórias e eletivas para ser realmente curado. Ele potencializa e acumula com bastante antecipação as energias que mais tarde se libertarão, produzindo o impacto vibratório curativo, porque atuam fortemente no seu sistema nervoso debilitado, à semelhança do que também fazem as doses infinitesimais dinamizadas pela homeopatia, que atuam como poderoso despertador de energias orgânicas.

Alhures já vos lembramos de que Jesus, através de sua palavra criadora e penetrante, insuflava a vitalidade, o ânimo, a alegria e a esperança nos que o ouviam, quando impunha a força da fé nos paralíticos, leprosos, cegos e aleijados, e eles centuplicavam as energias criadoras da vida doada por Deus.

O fenômeno, embora seja mais psíquico e vital-orgânico, lembra o recurso de que lança mão o carroceiro inteligente, quando acontece encalhar o seu veículo sobrecarregado e puxado por animais exaustos. Ele os prepara pouco a pouco, despertando-lhes as energias e sincronizando-lhes os movimentos sob toques habilidosos, convites ou ameaças, até alcançar o momento psicológico e de perfeito equilíbrio de forças no conjunto. Então, num só impulso e brado conjugados, desce o açoite sobre os animais e faz a puxada vigorosa das rédeas, enfeixando todas as energias despertas num só esforço, que faz mover o pesado veículo. Assim também ocorre com os homens; enquanto o doente pessimista é uma fonte de energias negativas, um frustrado que antecipadamente descrê de qualquer evento favorável que ultrapasse suas forças comuns, o enfermo otimista é fonte positiva e um ativador de suas energias, que se alvoroçam prontas para os sucessos incomuns! Enquanto o primeiro, pela sua desconfiança e falta de fé, deixa-se influenciar negativamente, o segundo é o comandante enérgico, ativo e hábil, que dirige e disciplina o exército de suas coletividades microbianas, nutrindo-as com o seu magnetismo positivo e ajustando-as, coesas, à sua organização de carne.

As forças represadas pela mente humana tanto podem servir em sentido negativo, como produzir condições positivas no organismo físico, enquanto que as forças descontroladas por certas emoções, sustos ou terrores, matam, enlouquecem ou lesam a estrutura nervosa.

PERGUNTA: — Tendo em vista as vossas explicações, perguntamos: Qual seria a contribuição medicamentosa ou energética da homeopatia, quando aplicada a enfermos que, no entanto, podem curar-se por si mesmos, sem necessidade de medicações exteriores?

RAMATÍS: — O indivíduo eletivo à homeopatia e convicto do poder das doses infinitesimais, caminha espontaneamente ao encontro do medicamento e apressa-lhe o êxito da cura. Se lhe fosse dada apenas água destilada, em lugar do medicamento homeopático, o "quantum" de energia potencializada pelo seu psiquismo confiante supriria, no seu organismo físico, grande parte da necessidade vital.

Durante o metabolismo precioso e científico provocado pelas doses dinamizadas da homeopatia, o espírito do homem tanto pode auxiliar como retardar os seus efeitos terapêuticos. Assim sendo, o enfermo que se pode curar por si mesmo só tem a ganhar se se valer do auxílio da homeopatia, pois que mal ela não lhe poderá fazer, e sim apenas o bem.

A homeopatia: precauções e regime dietético

PERGUNTA: — Gostaríamos de conhecer os motivos da exigência da água destilada para uso das gotas homeopáticas. Alguns homeopatas mais rigorosos condenam até o uso de colheres ou utensílios de metal, objetos de pó de pedra, copos de vidro de canto interno, assim como vidros descoloridos ou que recendam a xaropes, essências ou resíduos de alimentos. Tal exigência purista não será demasiadamente fanática?

RAMATÍS: — A sutilidade da essência energética, que fundamenta a dosagem infinitesimal da homeopatia, exige que a água, como seu veículo principal, também seja absolutamente isenta de partículas orgânicas microscópicas e peculiares aos líquidos não fervidos, pois quando estas ficam em suspensão absorvem e condensam a essência dinamizada e a eliminam da circulação sob a forma de resíduos. A energia que emana da essência da substância potencializada deve ser veiculada sem incrustar-se em qualquer partícula microrgânica estranha. Daí a advertência dos homeopatas mais zelosos, quando aconselham que as próprias pastilhas homeopáticas devam ser diluídas diretamente sobre a língua, sem que se misturem com líquidos que as decomponham, devendo penetrar pela circulação rapidíssima desse órgão, mas sem sofrer a ação imediata dos sucos gástricos. Mesmo as "altas doses" diluídas aproveitam-se bem melhor quando o paciente, ao tomá-las, exerce um efeito de sucção nas mucosas da boca e antes de atingirem o estômago.

As colheres, utensílios ou vasilhames de metal muitas

vezes são estanhados e oxidam-se com facilidade, podendo formar combinações químicas inesperadas e prejudiciais à essência homeopática. Em virtude de os cantos internos de copos, frascos ou recipientes serem difíceis para uma limpeza absoluta, tornam-se locais de fácil proliferação de germes e acúmulo de partículas ofensivas à delicadeza das doses infinitesimais; os objetos ou utensílios feitos de pó de pedra, sem o polimento desejável da porcelana ou da superfície lisa do cristal, também absorvem em suas entranhas a essência homeopática. Quanto aos frascos ou recipientes que serviram para xaropes, perfumes ou resíduos de alimentos, obviamente corrompem a pureza iniciática da medicação dinamizada, alterando a sua qualidade substancial.

Devido a essa regra é que de modo algum se deve misturar os medicamentos homeopáticos com qualquer outra substância que não seja a água destilada ou fervida. **As altas dinamizações podem se tornar inócuas, caso lhe adicionem água comum ou se desprezem as recomendações em foco**; em verdade só lhes serve a **água destilada**, porquanto a própria água das redes comuns das cidades, em face do tratamento com o cloro, a que são submetidas, mesmo depois de fervidas ainda podem comprometer as dosagens altas.

Os homeopatas recomendam o uso de frascos ou copos de cores, a fim de neutralizarem os raios solares ou a excessiva luz, que também podem decompor medicação tão sensível e apurada na sua composição energética. Lembramo-vos que a homeopatia pode efetuar curas miraculosas, desde que o paciente a ela se entregue confiante e siga religiosamente todas as prescrições de dieta e os cuidados protetores. Muitos doentes ignoram que a própria saliva aderida às colheres, que depois usam sem lavar para ingerir novamente outra dose homeopática, sempre compromete o efeito da cura, devido à oxidação dessas colheres.

PERGUNTA: — Em face de entendidos nos afirmarem que durante o tratamento homeopático não se deve usar certos sabonetes ou perfumes, reservamo-nos o direito de desconfiar de tal afirmativa, porquanto a achamos bastante pueril! Porventura existe fundamento nessa advertência?

RAMATÍS: — A dose homeopática — já o dissemos — é um campo energético cujo fim não é o de funcionar à semelhança dos medicamentos maciços ou alopáticos. Desde que vos fosse possível examinar pela vidência o efeito das altas doses no organismo humano, tanto quanto nós o podemos observar pela nossa visão espiritual, verificaríeis que o catalisador homeopático de elevada dinamização interpenetra toda a zona vital do doente em todos os sentidos, formando uma aura numa extensão de 3 a 4 polegadas de diâmetro, em torno do corpo, que parece desvanecer-se em franjas ondulantes. Esse campo energético vai-se condensando pouco a pouco pelo seu abaixamento vibratório e sendo absorvido lentamente pelo organismo carnal, que então se renova no seu potencial de forças.

O veículo aquoso que serve para a dose infinitesimal significa o condensador ou o sustentador da energia catalisadora, que transfere a carga de força para o organismo físico, assim como o médium espírita ou o magnetizador ofertam suas energias para o paciente. Na medicina homeopata, a substância mineral, vegetal ou animal, depois de potencializada, é transferida por via bucal, enquanto no passe espírita ou magnético é o próprio médium ou magnetista quem aplica diretamente o "quantum" energético no enfermo.

Desde que a própria alimentação carnívora produz prejuízos na terapia homeopática, porque conspurca o corpo vital do paciente com os fluidos inferiores da carne do animal, sendo ainda necessário pouparem-se as energias tão sutis despertas pela dose infinitesimal, não vos deve ser estranho que um sabonete canforado, sulfuroso, alcatroado, ou o perfume fortíssimo de certas essências também produzam incessantes bombardeios de partículas "alfa" e ofensivas ao campo energético dinamizado. Uma vez que certas substâncias, como o éter, o amoníaco ou a cânfora, produzem tonturas, dormideiras ou excitações, atuando apenas pela sua emanação etérica, é evidente que a aura dos sabonetes de alcatrão, enxofres, creosoto ou cânfora também prejudicam seriamente a terapia energética e sutilíssima da homeopatia. Mesmo entre certos medicamentos homeopáticos, não é aconselhável reuni-los na mesma caixa ou armários, porque as suas auras são incompatíveis e se digladiam sob impactos antagônicos.

PERGUNTA: — Para o nosso melhor aprendizado homeopático, podeis citar-nos algumas dessas doses antagônicas entre si?

RAMATÍS: — Referimo-nos aos seus campos áuricos energéticos e que, entrando em conjunção, produzem mútuos prejuízos, tais como as doses de *creosoto*, *allium cepa*, *allium sativum*, potássio, mercúrio ou iodo, cujas auras demasiadamente fortes devem ser evitadas de contato. Em consequência de tais cuidados profiláticos, os homeopatas também aconselham a ingestão das doses a distância da alimentação pois, durante a digestão, formam-se no organismo os mais variados campos energéticos de substâncias que se decompõem no estômago e intestino, que depois se combinam e se digladiam, anulando grande parte do efeito medicamentoso da homeopatia.

PERGUNTA: — Há médicos alopatas que afirmam não ser preciso qualquer dieta durante o tratamento homeopático, porque este é inócuo e não produz reações químicas de vulto. Há fundamento nessa afirmação?

RAMATÍS: — A medicina futura ainda há de auscultar mais de perto o extraordinário poder que palpita na intimidade oculta da chamada natureza que, sob a regência divina, ajusta células incompatíveis, retifica órgãos desajustados e corrige os sistemas responsáveis pelo equilíbrio do corpo humano. Graças a essa sabedoria inata, é bastante fornecerdes ao recém-nascido o leite materno ou em pó, para que ele o desintegre e o transforme em cabelos pretos ou louros, sangue vermelho, olhos azuis, pardos ou negros, ossos, nervos e músculos, comprovando que o seu verdadeiro alimento nada mais é do que a quantidade de energia que pode extrair da substância ingerida. Em verdade, o homem obtém as energias de que necessita para viver da própria energia armazenada nos alimentos vegetais ou mesmo carnais, do animal que ingere as plantas. Não é o corpo humano uma rede de magnetismo, sustentando as massas de átomos sobrecarregados de energias?

Em face dessa disposição genial e construtiva, da Natureza, o papel do médico não é o de violentar essa nobre linha de montagem na intimidade orgânica, mas o de auxiliá-la com uma terapêutica suave e energética. Daí, pois, os grandes benefícios que a homeopatia pode prestar ao homem terreno porquanto, embora ela não provoque reações químicas violentas, a sua função principal é a de despertar e potencializar as energias adormecidas, para então elevar o padrão dinâmico dos órgãos combatidos, reeducando-os, em vez de violentá-los.

Os antigos, durante o tratamento homeopático, entregavam-se ao descanso completo de todas as atividades materiais costumeiras. Os pacientes mais puristas ainda recolhiam-se ao leito e submetiam-se a rigoroso jejum, a fim de que o energismo homeopático agisse com maior êxito e aproveitamento no seu organismo liberado das atividades comuns. Através do jejum, eles poupavam suas energias e reduziam as obrigações cotidianas dos órgãos principais e responsáveis pela digestão, deixando-os desafogados para acelerar a drenagem das gorduras, toxinas e resíduos perniciosos, que porventura se constituíssem em material inútil ou impróprio à vida normal do corpo físico. Muitas curas homeopáticas, que têm sido consideradas miraculosas, devem-se principalmente a essa predisposição salutar por parte dos pacientes bastante disciplinados, que assim se prepararam orgânica e até emotivamente para o maior êxito da terapêutica delicada das doses infinitesimais.

Como na terapia homeopática as forças internas despertam potencializadas para o socorro orgânico e efetuam a reparação das regiões combatidas do corpo físico, sem anomalias tóxicas, não se verifica no doente a falta de apetite ou qualquer redução no seu metabolismo físico. Em geral, o paciente, sob a atuação dos medicamentos violentos e tóxicos da alopatia, exaure-se pelo trabalho obrigatório e anormal do fígado ou dos rins, que se veem obrigados a várias adaptações inesperadas, quando precisam eliminar os resíduos tóxicos de certos remédios ofensivos à harmonia orgânica.

Muitos fracassos médicos não decorrem tanto do enfraquecimento provocado pela moléstia gravemente classificada pelo rigorismo da terminologia acadêmica oficial, quanto pelo fato de serem frutos de operações perigosas e inesperadas, a que muitas vezes o organismo físico é submetido às pressas, sem poder fortificar-se ou imunizar-se em tempo. Quando o doente ingere medicamentos violentos, ou as seringas hipodérmicas lançam verdadeiros projeteis microscópicos na sua circulação sanguínea delicadíssima, é evidente que o seu organismo, já debilitado, ainda se vê obrigado a intenso trabalho para mobilizar todas as suas reservas energéticas, a fim de não sucumbir sob os efeitos tóxicos do próprio remédio. Entretanto, se tais reações químicas não se verificam com a homeopatia, e, por isso, pode ser dispensada a dieta preventiva, o seu processo terapêutico, delicado, exige no entanto a contribuição frugal adequada, da nutrição do paciente.

PERGUNTA: — Certo manual homeopático recomenda que, durante o tratamento pela homeopatia, deve-se evitar absolutamente o uso da carne, pois só assim é que se consegue a cura desejada. Há fundamento dietético nessa exigência tão severa?

RAMATÍS: — Essa recomendação, que vos pode parecer tão fútil, põe em relevo a grande importância higiênica da aura vital do doente que se deve submeter ao tratamento da medicina homeopática. Os carnívoros não são os candidatos ideais para a terapêutica das doses infinitesimais, embora também possam ser curados com êxito, graças aos recursos e à habilidade dos bons homeopatas. Apesar de a humanidade terrena se encontrar muito familiarizada e viciada no carnivorismo, os cooperadores das charqueadas, dos matadouros e do trucidamento de animais e aves sempre perturbam a linha evolutiva que Deus estabeleceu para as espécies inferiores. Além disso, há a considerar que o campo denso das energias inferiores despertas pela aura vital do animal sacrificado, que é ingerido depois de cozido ou assado, acaba neutralizando a maior parte das forças que a dose homeopática de alta dinamização faz eclodir na criatura enferma. Em seguida à ingestão da carne, os fluidos repelentes do astral inferior do animal sacrificado também se fundem com a aura perispiritual humana e degradam o potencial energético dinamizado; a essência potencializada da homeopatia esvai-se, conturbada, sem poder superar o campo de condensação vibratória inferior. A ação dinâmica da homeopatia sobre o sistema endocrínico e o nervoso, também é dificultada, pois os chacras do duplo-etérico, sob a ação da astralidade animal, diminuem os seus vórtices de aceleração e reduzem a sua capacidade receptiva ao energismo homeopático e catalisador das forças adormecidas, do corpo físico. Então o sutilíssimo tratamento infinitesimal exige maior cota de tempo para uma cura razoável ou talvez de pouco sucesso.

Eis por que os médicos homeopatas conseguem maior sucesso terapêutico entre os vegetarianos, ou mesmo entre aqueles que, durante o tratamento, eliminam completamente o uso da carne e das gorduras animais, enquanto se reduz a média de curas entre os enfermos viciados demais com a nutrição carnívora. Sendo a homeopatia medicina de incontestável alcance espiritual, não só requer um regime alimentar superior, a mudança dos hábitos perniciosos e o abrandamento das paixões violentas, como também muito depende, para o seu maior sucesso, do controle temperamental do enfermo.

Há que considerar, também, que os ataques de cólera, ciúme, ódio e as irritações reduzem bastante o sucesso homeopático, porque são violentas explosões mentais, que semeiam partículas lesivas e bombardeiam a aura das energias vitais despertadas no organismo carnal.

PERGUNTA: — Certos médicos alopatas dizem que as curas atribuídas à homeopatia são consequência apenas da própria dieta exigida durante o tratamento pelas doses infinitesimais. Afirmam que um regime dietético quase sempre é suficiente para promover certas melhoras e até curas extraordinárias. Que dizeis dessas alegações dos opositores da homeopatia?

RAMATÍS: — A dieta exigida pela terapêutica homeopática é absolutamente científica e eletiva ao tratamento delicado das doses infinitesimais, pois se o paciente ingere a substância dinamizada na forma de um sutilíssimo campo de energia livre e imponderável, também deve aproveitar o melhor possível esse campo energético potencializado no seu corpo físico. Desde que persista numa alimentação glutônica, excessivamente tóxica ou gordurosa, a exigir todo o esforço do seu metabolismo nutritivo, e ainda consumindo a reserva dinâmica em eclosão pela homeopatia, sem poder regenerar em tempo as células cansadas ou eliminar os resíduos venenosos que pesam no organismo, é evidente que também há de desperdiçar todo o trabalho cuidadoso e benfeitor da prescrição medicamentosa do médico homeopata!

Seria absurdidade que, depois de se ministrar uma dose maciça de vitaminas a um lenhador completamente exausto, ele se precipitasse em seguida a cortar lenha até tombar novamente exangue! Assim costumam fazer muitos pacientes sob o tratamento das doses infinitesimais da homeopatia, pois subestimam a dieta rigorosa, certos de que apenas ingerem algumas gotas de álcool absoluto em água destilada. Ignoram, no entanto, que o sucesso da cura depende principalmente da maior cota de forças que puderem economizar em suas necessidades cotidianas, a fim de não consumirem o energismo necessário para o próprio corpo reparar suas desarmonias orgânicas.

Durante o tratamento dinâmico homeopático, é preciso que seja reduzido ao mínimo o serviço dos órgãos nutritivos e drenadores, do corpo físico, para assegurar-se o maior aproveitamento das energias que foram catalisadas pelo remédio homeopático, em favor do equilíbrio e da recuperação do seu mecanismo fisiológico. Desde que o paciente economize a maior porcentagem possível das forças vitais que são aceleradas pela presença do catalisador homeopático, ser-lhe-á possível efetuar o máximo aproveitamento, podendo dirigi-las para os plexos nervosos, sistema neuro-endocrínico, circulatório ou linfático, obtendo o êxito desejado.

A medicina e o espiritismo

PERGUNTA: — Como se explica que hajam passado por este mundo pessoas que se tornaram famosas por suas acertadas prescrições homeopáticas, sem que passassem também por um curso acadêmico especializado?

RAMATÍS: — Durante muitos anos atrás, muitos espíritos laboriosos e dignos se encarnaram em vosso mundo com a elevada missão de divulgar o uso da homeopatia, embora nem todos pudessem ter sido médicos ou mesmo farmacêuticos. O principal labor desses espíritos consistia em acostumar o povo à nova terapêutica. Aconteceu, porém, que, a princípio, a Medicina preferira repudiar a homeopatia, em lugar de acolhê-la, apesar de que ela apenas vinha demonstrar à ciência a existência de leis reveladoras dos poderes medicamentosos ocultos em todas as substâncias. Assim, a sua divulgação no vosso mundo precisou ser ajudada por alguns leigos estudiosos, que muito contribuíram para o sucesso que a homeopatia começou a ter na Europa e nos Estados Unidos.

PERGUNTA: — E quanto ao Brasil, que dizeis?

RAMATÍS: — Como o Alto ordenara que os espíritos de hábeis homeopatas desencarnados assistissem incondicionalmente aos médiuns receitistas dignos e desinteressados de proventos materiais — que abundavam e ainda abundam no Brasil — devendo auxiliá-los a receitar de modo o mais certo possível e até mesmo corrigir-lhes astralmente os equívocos das primeiras horas, o receituário espírita-homeopático tomou vulto com muita facilidade. E, como era gratuito, foram os pobres os que mais o buscaram, enquanto o espiritismo se fazia digno da gratidão daqueles que eram curados dos seus sofrimentos físicos pelo uso da homeopatia. E assim generalizou-se particularmente o emprego da 5ª dinamização, preferida pelo povo e facilmente receitável pelo mediunismo espírita, sem o perigo de qualquer surpresa desagradável ou de maior responsabilidade, porquanto a administração das doses altas fica a cargo do médico homeopata.

PERGUNTA: — Por que motivo, no Brasil, os espíritas conjugam a prescrição homeopática aos labores mediúnicos, ao passo que em outros países não procedem da mesma forma?

RAMATÍS: — Enquanto outros povos se limitam especialmente ao estudo puramente científico da doutrina espírita, ou apenas se dedicam à sua especulação filosófica, no Brasil os seus adeptos aliam o estudo da doutrina à prática da caridade para com os enfermos, motivo pelo qual se constituem em excelentes veículos para a divulgação abençoada da homeopatia, demonstrando através do socorro a esses enfermos pobres uma profunda gratidão ao seu próprio idealizador, que foi Samuel Hahnemann. E convém lembrar que, embora a medicação homeopática da 5ª dinamização, prescrita através do mediunismo ou de curandeiros improvisados, tenha sido a princípio manuseada sob o empirismo popular, ela operou curas miraculosas e surpreendeu a muitos homens e cientistas bem intencionados, chegando a atrair alguns deles para o serviço do amor ao próximo e para o estudo valioso da homeopatia!

Daí, pois, os inumeráveis êxitos que até aqui se têm verificado na prática da homeopatia, mesmo quando prescrita por homens de menor conhecimento científico, porquanto, tratando-se de uma terapêutica elevadíssima, atrai a influência benéfica dos desencarnados benfeitores. Muitos espíritos de médicos, que se encarnaram na Terra com a missão especial de propagar a homeopatia, estudaram primeiramente a medicina alopática e suas leis específicas, com o fito de conhecerem-lhes todos os escaninhos e recursos, adquirindo assim maior cabedal de conhecimentos a respeito das doses infinitesimais, de que mais tarde se tornaram destemidos defensores!

A homeopatia não pode esquecer o valioso concurso que recebeu do povo brasileiro para sua divulgação e maior aceitação no Brasil, graças mesmo a essa interferência de leigos, médiuns e espíritos desencarnados, os quais muito cooperaram para a sua definitiva consagração a respeito. Deste modo, ficaram fundamentadas as suas bases como ciência que, além de curar o corpo, ainda abrange grande parte da psicoterapia e da terapêutica mental, futura, influindo profundamente no psiquismo humano e intervindo nos processos fundamentais da emoção, do pensamento e do mecanismo do duplo-etérico, que coordena a vitalidade orgânica. É terapêutica que se ajusta cada vez mais ao dinamismo avançado do século atômico, em que viveis.

PERGUNTA: — Por que motivo não foi levado a efeito, pelos espíritos desencarnados, um movimento em favor da alopatia, tal como se deu quanto à homeopatia no Brasil, principalmente no meio espírita?

RAMATÍS: — A medicina alopática é eivada de medicação tóxica, que produz reações desaconselháveis para a prescrição mediúnica, pois o espírito receitista tem que se cingir, em geral, à maior ou menor eficiência e sensibilidade do médium de que se serve. O sistema alopático opera principalmente com a medicação densa, ou seja, em doses maciças, que atuam propriamente à periferia do corpo carnal, distanciando-se do nosso alcance direto e agindo sob frequência vibratória mais baixa, do nosso campo de ação etérica. Assim, não convém que se transforme o receituário em um misto de homeopatia e alopatia, pois as doses infinitesimais e dinamizadas, da homeopatia, sendo menos medicamento e mais energia, vêm mais facilmente ao nosso encontro vibratório.

PERGUNTA: — Mesmo assim, não achais desaconselhável o receituário homeopático nos centros espíritas? Não constituirá isso uma concorrência desleal para com os médicos homeopatas? Convém esse modo de divulgação da medicina homeopática?

RAMATÍS: — Não cremos que o receituário mediúnico, espírita, possa servir de divulgação científica para a homeopatia, mas é inegável que foi a receita mediúnica que muito contribuiu, no Brasil, para popularizar o uso das doses infinitesimais entre o vosso povo. Os doentes empobrecidos, que recorrem a consultas nos centros espíritas e solicitam o medicamento homeopático, também ficam sob a solicitude dos espíritos desencarnados que, assim, aproveitam o ensejo para cuidar das suas mazelas espirituais e higienizar-lhes o psiquismo enfermo. Deste modo, quando se trata de receita homeopática prescrita em centros espíritas de boa estirpe espiritual, quase sempre elas produzem os seus efeitos benfeitores naqueles que levam a sério o tratamento tão delicado. Acresce que a prescrição mediúnica é comumente da 5ª dinamizarão, que é a diluição mais isenta das reações incômodas, cujo receituário gratuito não entra em competição com o dos médicos homeopatas, os quais operam mais com doses de fundo e são os únicos competentes para determinar tratamentos com altas doses.

O que não se justifica é a intromissão de pseudomédiuns, de pseudomédicos alopatas ou de curandeiros ignorantes da terapia homeopática, a prescreverem um receituário contraditório e eivado de medicamentos que são incompatíveis entre si e que se anulam na mesma receita. Ainda existem aqueles que, devido à sua ignorância, preceituam doses infinitesimais misturadas com xaropes e chás, que destroem toda a essência homeopática. Não é possível admitir-se que a excentricidade, a absurdidade e a contradição, sob responsabilidade espirítica, sejam levadas à conta de ciência homeopática! O médium receitista integrado em sua responsabilidade espiritual não se deve considerar apenas na condição de bengala viva do seu guia; cumpre-lhe estudar bastante a terapêutica de que é medianeiro. Se um espírito desencarnado precisar receitar medicamentos por um médium ignorante da homeopatia, é claro que terá mais êxito se esse médium se devotar ao estudo consciente e sensato da terapêutica homeopática.

PERGUNTA: — Alega-se que, em se tratando de receita mediúnica, todos devem ter fé e ninguém deve alimentar desconfiança da receita, porque provém de um "guia", que sempre sabe o que faz. Que dizeis vós, que sois espírito desencarnado?

RAMATÍS: — Quem assim pensar poderá dispensar a homeopatia do receituário mediúnico e tratar-se exclusivamente com a água fluidificada, visto que apresenta condições eletivas de fé e confiança no guia. Convém saber, entretanto, que nem sempre o médium é fiel intérprete do pensamento do espírito que com ele se comunica. Do lado de cá, temos observado que alguns facultativos desencarnados, depois de operarem sobre certos médiuns, resolvem mais tarde abandonar o seu trabalho receitista por via mediúnica, tão decepcionados eles ficam com as dificuldades que defrontam nos seus próprios aparelhos mediúnicos, comumente ociosos, ignorantes ou vaidosos. Inúmeras vezes queixam-se de que os seus intermediários receitam a esmo e sob qualquer pretexto, quer após um anedotário indecente, quer em seguida a momentos de cólera ou de emissão de crítica antifraterna! Assim emitem receitas levianamente, sem sequer consultá-los pelo pensamento, e prescrevem o que lhes vem à memória a qualquer momento, como um produto natural da associação de ideias ou lembranças de cartazes de propaganda medicamentosa. Em consequência, pode dar-se o caso de a receita mediúnica não ser do guia, nem conter qualquer prescrição lógica que corresponda sensatamente à terapia homeopática.

É conveniente, portanto, que, em nome da homeopatia, não se semeiem incongruências e excentricidades, com a agravante de ainda se fazer da receita espírita um desmentido à pureza iniciática e à precisão das doses infinitesimais! O ridículo traz a desconfiança; e já temos visto muitos espíritos mistificadores e irresponsáveis, que daqui se servem de médiuns incautos, imprudentes, preguiçosos e vaidosos, para receitar medicamentos contraditórios e até perigosos, servindo isso para despertar o sarcasmo contra a doutrina espírita e a ciência homeopática.

Sem dúvida, louvamos o labor generoso e o devotamento de muitos médiuns, que se transformam em ofertas vivas, procurando aliviar a dor alheia e elevar-se às faixas vibratórias dos espíritos superiores; mas é evidente que o deslumbramento desordenado produz prejuízos, assim como a presunção de infalibilidade gera a imprudência...

A homeopatia, como ciência erigida carinhosamente e sob o mais escrupuloso cuidado e experimentação, de modo algum poderá endossar as receitas mediúnicas que discrepam de suas leis disciplinadoras, quando se prescrevem as doses infinitesimais com outros produtos heterogêneos, as receitas mistas de homeopatia e alopatia, ou os medicamentos que se incompatibilizam ou se anulam como antídotos.

Sob a nossa modesta opinião, cremos que já é tempo de o médium receitista estudar com devotamento as regras fundamentais da homeopatia, a fim de ser mais útil e mais exato no seu receituário mediúnico, podendo ainda corrigir em tempo as incoerências produzidas pelo seu próprio animismo. Muitos dos consagrados homeopatas desencarnados, e que já viveram no vosso país, corariam de vergonha ante certas receitas que médiuns ignorantes levam à sua responsabilidade como prescrição homeopática!... É justo, pois, que os médiuns não contrariem o próprio bom-senso do espiritismo e tratem de estudar a homeopatia, a fim de receitarem o mais exatamente de acordo com a ética homeopática.

PERGUNTA: — Não seria justo que só o médico homeopata devesse receitar?

RAMATÍS: — Não nos cumpre julgar esse campo de ação, porque tanto existem médicos homeopatas que não prescrevem sob o rigorismo da homeopatia, mas apenas em função de sintomas exteriores, como há certos alopatas que praticam a terapêutica das doses infinitesimais sem lhes conhecer os fundamentos iniciáticos, e o fazem na mais absurda contradição. Se merecer censuras o leigo que receita homeopatia, noutro extremo também merecerá censuras o médico alopata que a prescreve de modo tal que, em geral, fica aquém de muitos curandeiros estudiosos!... No campo terapêutico da homeopatia, tanto podeis encontrar o médico ex-alopata, que passa a receitar sem conhecimentos científicos e técnicos da doutrina exposta por Hahnemann, como podereis encontrar o charlatão sem diploma, mas um purista e sábio das leis homeopáticas, capaz de prescrever com segurança e o conhecimento lógico dessa ciência tão elevada. O homeopata, como já o dissemos, antes de se tornar um exigente cientista, também há de ser um filósofo e um homem bom!... Ele não deve receitar apenas a distância psíquica do problema do seu paciente pois, antes do interesse utilitarista, há que "sentir" e "viver" as angústias daquele que lhe roga a cura dos seus males! Tratando-se de medicina de profundo respeito para com as próprias mutações espirituais do indivíduo, ao homeopata não interessa apenas identificar os males do seu cliente sob o preciosismo científico das enfermidades clássicas, mas também cumpre auscultar os desequilíbrios e as desarmonias da sua alma!

É por isso que certas receitas mediúnicas produzem resultados assombrosos pois, sendo preceituadas por médiuns dignos e estudiosos, a intuição lhes manda prescrever a dose perfeitamente sintonizada com as necessidades do psiquismo doente, graças à excelente inspiração que logram por vezes dos espíritos benfeitores. O médico homeopata que também pesquisa no campo psíquico dos seus pacientes, torna-se pouco a pouco uma criatura sensível à voz interior, que lhe sugere as mais exatas e verdadeiras prescrições terapêuticas.

PERGUNTA: — A Lei Cármica tem alguma relação íntima com os padecimentos de certas criaturas submetidas a tratamentos dolorosos através da cirurgia ou da terapêutica alopática?

RAMATÍS: — Atualmente, devido ao estado moral e espiritual do cidadão terreno, a lei cármica ainda lhe preconiza um tratamento doloroso, à base de hipodérmicas, tubagens, cauterizações, drenos, operações ou extrações de órgãos combalidos, aplicações e ingestão de medicamentos repulsivos, tóxicos e lesivos, que funcionam como efeitos das causas culposas do passado.

Em face de haverem evoluído os métodos punitivos das leis humanas, com a abolição das torturas medievais, os médicos — muitas vezes sem que o saibam — funcionam como instrumentos de retificações cármicas nos seus pacientes. Aqui, o usurpador cruel do passado, que oprimia os seus adversários políticos, sofre atrozmente devido à chaga infecciosa e rebelde, que surge num órgão que foi operado precipitadamente; ali, é o velho inquisidor do "Santo Ofício" que, estirado no leito de luxuoso hospital, mostra-se completamente perfurado por hipodérmicas, com as carnes maceradas pelas seringas dos soros e transfusões de sangue, que pingam através de tubos suspensos e aparelhos especiais, como se fossem instrumentos de tortura; acolá, o feroz fazendeiro, que se servia do fogo para supliciar os seus infelizes escravos, encontra-se transformada noutra figura humana submetida a terríveis cautérios e intervenções cruciantes, enquanto o seu coração combalido não permite a menor intervenção da anestesia para fazê-la esquecer o sofrimento!

Por isso, aqueles que conseguem curar-se pela homeopatia e são eletivos para tratamento tão suave, devem-se considerar criaturas privilegiadas, pois que ficam a salvo da violência alopática. O fato de as criaturas ainda precisarem percorrer a via *crucis* dos consultórios médicos alopatas, submeterem-se a exames radiográficos, experimentações dolorosas, tratamentos espartanos e hospitalizações urgentes, enquanto os seus males se agravam dia a dia, sem dúvida é porque ainda gemem sob um carma penoso!

* * *

A ORIGEM OCULTA DAS DOENÇAS

Ramatís / Hercílio Maes

120 páginas – ISBN 978-65-5727-020-2

Por trás dos quadros das moléstias que assolam a humanidade, permanece um elo comum que só pode ser entendido quando se integra ao ser humano adoecido o componente invisível originário de seu corpo físico: o espírito imortal, que pensa e sente – e, nesse processo, utiliza e condensa energias indestrutíveis que irão construir a saúde e a enfermidade de seus corpos.

Os veículos milenarmente conhecidos como corpo mental e corpo astral são os níveis de energia onde é preciso buscar a razão para a doença vir "de dentro para fora e de cima para baixo", como sibilinamente postulou Samuel Hahnemann, o genial mentor da Homeopatia.

Este livro é um excerto temático retirado da obra *Fisiologia da Alma*, ditado por Ramatís ao médium Hercílio Maes. Nele, Ramatís desvenda o mecanismo oculto que desencadeia, a partir dos corpos sutis do ser humano, as enfermidades do corpo físico. A origem e causa das moléstias, detida pelo conhecimento iniciático milenar, é transposta em linguagem acessível, com a peculiar profundidade e clareza, que nada deixam por explicar, dos textos de Ramatís.

Esse mecanismo oculto e automático da física transcendental, que preside aos processos orgânicos, é a chave para a compreensão definitiva do binômio saúde-enfermidade, e irá pautar os novos horizontes da Medicina do terceiro milênio, assim que as dimensões suprafísicas passarem a integrar o seu campo de pesquisa.

Integram este texto os capítulos que tratam da etiologia oculta, raízes cármicas, tratamento e cura do câncer, analisados desde sua verdadeira origem no "mundo oculto" das causas.

O OBJETIVO CÓSMICO DA UMBANDA

Ramatís / Hercílio Maes

90 páginas – ISBN 978-65-5727-076-9

Não há separação nem competição entre os espíritos benfeitores responsáveis pela espiritualização da humanidade. As polêmicas, os conflitos doutrinários, tão comuns entre encarnados, não passam de verdadeira insensatez e ilusão, uma vez que os mentores espirituais não se preocupam com a ascendência de uma seita sobre a outra, pois na verdade lhes interessa desenvolver no homem o Amor que salva e o Bem que edifica. Portanto, as lições que recebe continuamente, acima do seu grau espiritual, significam a "nova posição evolutiva" que ele deverá assumir depois, quando terminar sua experiência religiosa em curso. Estas palavras de RAMATÍS estão contidas num capítulo inteiro sobre a Umbanda, psicografado por Hercílio Maes há anos, mas totalmente atual, porque procuram despertar os líderes umbandistas para a necessidade de pesquisar sinceramente as "linhas mestras" da Umbanda, liberando-os do personalismo, da excentricidade, dos paramentos exóticos e caricatos, das práticas fetichistas e africanistas, para ir ao encontro do programa verdadeiramente esquematizado no Espaço, a fim de que ela possa vir a ser expressa e compreendida na sua elevada significação cósmica.

Este livreto é muito oportuno porque traz de volta, para lembrança e análise do leitor, informações claras e objetivas, bem ao estilo de RAMATÍS, a respeito da Umbanda como mediunismo de terreiro e sua ritualística, na qual cada "pai de santo" dita regras próprias e as dissemina como se fossem conceitos doutrinários autênticos. Exatamente porque isso ainda acontece hoje, é necessário relembrar a origem transcendental da Umbanda, seu significado original e o objetivo maior traçado pelo Alto, que é unir a humanidade pelos laços da convivência fraterna e do amor incondicional, distante de doutrinas exclusivistas que ressaltam o ego e das divergências ritualísticas, que aliás deixarão de existir no futuro.

GEOGRAFIA DO MUNDO ASTRAL

Ramatís / Hercílio Maes

170 páginas – ISBN 978-65-5727-009-7

No vasto cenário desse plano onde seremos levados a habitar depois do limiar do túmulo, existem ângulos inumeráveis que ainda não foram descritos na literatura mediúnica. Na sua extensa geografia, assim como no plano material, há comunidades, formas de viver, estruturas coletivas, ambientes e formas vivas esperando virem a ser notícia no mundo da matéria.

Atanagildo, discípulo de Ramatís – e com a permanente inspiração deste –, ditou ao sensitivo Hercílio Maes detalhados aspectos do panorama astral, incluindo variados tipos de comunidades, com seus costumes – alguns antiquados –, o processo de fundação de colônias astrais, raças e nacionalismos nessas colônias, e migrações entre elas. Ilustrando o processo criador das mentes do Astral superior, relata a atuação de espíritos angelicais produzindo, em instantes, uma forma de singular beleza cromoterápica num chafariz de sua comunidade.

Depois estende o olhar sobre as regiões do Astral inferior, com suas cidades, habitantes e edificações, e as organizações integradas por espíritos das sombras. E então, num tema de absoluto ineditismo, até hoje, na literatura mediúnica, descreve em minúcias aves e animais que habitam os cenários sombrios do Astral mais denso! E oferece arejadas elucidações sobre o diabo e a sede do seu reinado... Tudo para familiarizar os espíritos desejosos de informações com essa geografia ainda pouco devassada à qual iremos todos, com maior ou menor prazo, pertencer um dia.

O HOMEM ASTRAL E MENTAL

Ramatís / Hercílio Maes

124 páginas – ISBN 978-65-5727-063-9

Hoje é de conhecimento geral que o "períspirito" kardequiano inclui, além do duplo-etérico humano, dois veículos distintos: os corpos astral e mental. Corpos autônomos e que correspondem ao que podemos designar como o homem que sente e o homem que pensa.

Esta compilação de textos de Ramatís e Atanagildo, de diversas obras, decompõe a intimidade desses dois corpos, detalhando faculdades, poderes e funcionamento de um e outro, com o diferencial de nos trazerem o olhar e a experiência de habitantes do Invisível.

Atanagildo, na condição de espírito desencarnado, compartilha suas sensações e vivências com o corpo astral, seus órgãos, o extraordinário novo sentido da vista astral, a faculdade de volitação e os recursos utilizados no mundo astral para tratar os corpos dos recém-chegados, e narra suas experiências de treinamento para tornar-se um "espírito criador" no Invisível. Ressalta de sua narração o imperativo de desenvolvimento dos poderes mentais ainda enquanto estivermos no corpo físico.

Ramatís, como sempre facultando-nos o conhecimento de aspectos ocultos da vida e do ser, desvenda alguns mecanismos singulares que operam nos corpos astral e mental, pela ação do pensamento e das emoções, alterando as formas astrais e refletindo-se no físico. Examina os diversos níveis da mente, e as produções do corpo mental conhecidas por ondas mentais e formas de pensamento, traduzindo a expressão das diversas cores que são produzidas nos corpos internos pela ação humana de pensar e sentir. Complementa-se sua exposição com o extraordinário capítulo intitulado "Enfeitiçamento mental", em que expõe com clareza a produção e os efeitos da ação nefasta do pensamento orientado pelo sentimento inferior.

São mensagens de extrema oportunidade e vitais para a Era do Mentalismo que se aproxima.

A MISSÃO DO ESPERANTO

Ramatís / Hercílio Maes

102 páginas – ISBN 978-85-7618-438-6

O Esperanto é uma obra-prima de lógica e simplicidade, significando um evento de tanta importância na esfera linguística quanto o foi a descoberta da energia atômica na esfera científica. A sua reduzida gramática, isenta das regras que tanto fatigam a mente do estudante, torna o Esperanto um primor de racionalidade e um monumento de habilidade e inteligência, que se engrandece ainda mais com sua ortografia fonética e sua sintaxe de uma simplicidade surpreendente. Ele tem tudo que é necessário para se ajustar aos imperativos do século dinâmico em que viveis, onde tudo é feito às carreiras e o tempo é parcimonioso para o entendimento humano, motivo por que os pensamentos precisam ser resumidos em poucos vocábulos.

Não é apenas um idioma compilado inteligentemente por um homem genial, mas sim uma síntese resultante do progresso milenário da linguagem humana até os vossos dias.

O Esperanto é a cúpula genial de um grandioso edifício linguístico, de entendimento entre toda a humanidade, uma sublime esperança de completo entendimento entre os homens.

Ramatís

MARTE: O FUTURO DA TERRA
Ramatís / Hercílio Maes
176 páginas – ISBN 978-65-5727-015-8

O planeta Marte não é apenas nosso vizinho próximo do Sistema: na escala sideral dos mundos é, no dizer de Ramatís, "o degrau superior ao da Terra, ao qual, por lei ascensional, tereis que chegar; é conveniente que vos prepareis, desde já, para esse desiderato infalível".

Se esse é nosso modelo futuro de civilização, urge conhecê-lo e nos direcionar para ele. Não por acaso foi *A Vida no Planeta Marte e os Discos Voadores* a primeira obra ditada por Ramatís, em 1949, ao sensitivo Hercílio Maes. Ali estão, com profusão de detalhes, todas as facetas da civilização marciana, nos sinalizando um roteiro.

Neste volume, o objetivo é oferecer um perfil focalizado do modelo marciano, com a constituição da sociedade, o governo, a estrutura social e econômica, que são o eixo basilar desse mundo feliz, a par de aspectos como a família, a educação, a religião e outros que nos permitam antever como poderemos construir e desfrutar de um mundo mais justo, harmonioso e apto a ingressar na comunidade dos planetas regenerados do Universo. Um pequeno manual da sociedade futura que nos cabe preparar-nos para construir, na sequência desta, que está vivendo suas últimas etapas. É urgente contarmos com um projeto, um ideal possível.

É a proposta deste pequeno manual.

O ALÉM: UM GUIA DE VIAGEM

Ramatís / Hercílio Maes

170 páginas – ISBN 978-65-5727-051-6

Se a Grande Viagem é inevitável, e faz parte do multimilenar processo de ir-e-vir pelo qual todos periodicamente transitamos, nada melhor do que viajarmos informados sobre os detalhes do embarque e da chegada, e de como é possível preparar uma estadia melhor nos alojamentos do Grande Além para onde um dia seremos transferidos.

Ramatís traz, nesta obra, o depoimento de um viajante de origem próxima a nós, um discípulo dele desencarnado no Brasil no século XX – Atanagildo –, cujo relato de vida, embarque e desembarque no plano astral compõem um guia de singular interesse e utilidade para nós, futuros passageiros da mesma rota.

Além do processo do desencarne e de inúmeros aspectos do plano astral, Atanagildo descreve em minúcias a comunidade astralina do Grande Coração, onde se situa, e nos previne sobre os aspectos críticos da desencarnação e da eutanásia, essa tentativa perigosa de *furar a fila* da própria programação cármica e embarcar antes da hora.

Há mais de 60 anos uma das obras mais procuradas de Ramatís, *A Vida além da Sepultura* se oferece agora neste volume temático com os textos originais, enfocando especificamente a grande viagem e o território do Além que nos aguardam – um guia prático para os viajantes que seremos todos, um dia, no retorno feliz ao verdadeiro destino do espírito.

O APOCALIPSE: OS TEMPOS SÃO CHEGADOS

Ramatís / Hercílio Maes

164 páginas – ISBN 978-65-5727-031-8

O projeto dos Poderes Maiores para a Terra incluiu, desde sempre, a seleção de almas e a consequente promoção do planeta, num processo que já se desencadeou no mundo oculto desde 1950, conhecido como Transição Planetária.

Profetas do Velho Testamento, João Evangelista com o Apocalipse, Nostradamus, Edgar Cayce e outros videntes – mas sobretudo o próprio Jesus –, já delinearam os eventos dramáticos necessários à transformação.

Somente Ramatís, porém, em sua obra vanguardista, explicou em detalhes todos os eventos velados nos textos proféticos, e o simbolismo das imagens do Apocalipse que vêm intrigando a humanidade. Como podemos saber se "os tempos são chegados"; o que significa realmente a imagem da Besta; o que é, e qual a finalidade do astro intruso, já apontado por Nostradamus; como o eixo terrestre vai se verticalizar; em que consiste e como vai se processar a seleção dos terrícolas; como se constituirá a nova civilização do terceiro milênio. Com sua peculiar clareza e profundidade, Mestre Ramatís nada deixa por explicar, e ainda previu em seu texto, pouco antes de 1950 e quando ninguém cogitava disso, eventos como o aquecimento global e o degelo dos polos, cujas consequências elucida.

É ele ainda que explica por que razão todos os eventos catastróficos programados não se desencadearam até o final do século XX.

Esses e outros temas de vital importância para a humanidade são o foco desta obra, que traz todas as principais elucidações de Ramatís sobre a Transição Planetária, e constitui o mais completo roteiro para sua compreensão, de absoluta urgência neste momento.

O CARMA

Ramatís / Hercílio Maes

152 páginas – ISBN 978-65-5727-067-7

Nenhum acaso rege o destino das coisas; é a Lei do Carma que tudo coordena, ajusta e opera, intervindo tanto nos fenômenos sutis do mundo microscópico, como na vastidão imensurável do macrocosmo, passando pelas humanidades. Ela tem por único objetivo dirigir o aperfeiçoamento incessante de todas as coisas e seres, dentro da harmonia da Criação.

Ramatís, nos textos desta obra, vai além da conceituação corrente do carma e descerra a amplitude cósmica da Lei Universal que tudo rege, inclusive os nossos destinos, servindo-se dos mecanismos de causa e efeito não para punir, mas para reajustar.

Com sua profundidade peculiar, analisa o processo de criação do carma na intimidade dos corpos invisíveis do ser humano, os carmas coletivos, e variadas facetas das relações cármicas entre pais e filhos. De acordo com sua característica de não se ater ao "já sabido", desvenda a atuação oculta dos guias dentro da programação cármica de seus protegidos, quando necessário, e os recursos singulares utilizados para burilar espíritos contaminados, entre outros, pelo sectarismo ou pela arrogância egocêntrica. E ao detalhar o leque de consequências cármicas resultantes do suicídio, em várias modalidades, explica como se resolvem nos variados quadros patológicos congênitos as lesões do perispírito oriundas desse gesto.

DO ÁTOMO AO ARCANJO

Ramatís / Hercílio Maes

132 páginas – ISBN 978-65-5727-014-1

A mecânica evolutiva da Criação foi desvendada a Kardec – dois anos antes de Darwin! – pelos espíritos, com a genial declaração: "do átomo ao arcanjo, que começou sendo átomo". Mas... e entre o átomo e o arcanjo? Onde se encontram os degraus intermediários dessa escalada do zero ao infinito?

Com Ramatís, os degraus dessa simbólica "escada de Jacó" da imagem bíblica se povoaram, nos textos recebidos por vários médiuns e em diversas obras. Dos arcanjos (ou logos galácticos, solares e planetários) aos anjos e devas, dos espíritos da natureza aos animais – sem deixar de definir a posição de Jesus de Nazaré, anjo planetário da Terra, devidamente distinguida daquela do Cristo, nosso Logos.

Para que a humanidade possa ingressar de fato no patamar de consciência da Nova Era, esse conhecimento mais amplo da hierarquia e funcionamento do Cosmo se faz imprescindível, a fim de nos situar com maior amplitude no panorama do Universo e para o contato com nossos irmãos siderais, que se aproxima.

Este volume representa a condensação de conhecimentos iniciáticos milenares com que Ramatís abriu, para a mente ocidental, uma janela panorâmica sobre a estrutura e funcionamento do Cosmo, complementando a imorredoura revelação da Espiritualidade datada de um século e meio atrás.

HOMEOPATIA – A CURA ENERGÉTICA

foi confeccionado em impressão digital, em dezembro de 2025

Conhecimento Editorial Ltda

(19) 3451-5440 — conhecimento@edconhecimento.com.br

Impresso em Luxcream 80g - StoraEnso